DANIELA CUNHA BLANCO

DEMOCRACIA

Lafonte

Brasil · 2020

Título – Democracia
Copyright © Editora Lafonte Ltda. 2020

ISBN 978-5870-015-9

Todos os direitos reservados.
Nenhuma parte deste livro pode ser reproduzida por quaisquer meios existentes sem autorização por escrito dos editores e detentores dos direitos.

Direção Editorial **Ethel Santaella**
Organização e Revisão **Ciro Mioranza**
Diagramação **Demetrios Cardozo**
Imagem de capa **Art Furnace / Shutterstock**

```
Dados Internacionais de Catalogação na Publicação (CIP)
            (Câmara Brasileira do Livro, SP, Brasil)

    Blanco, Daniela Cunha
       Democracia / Daniela Cunha Blanco. -- São Paulo :
    Lafonte, 2020.

       Bibliografia.
       ISBN 978-65-5870-015-9

       1. Democracia 2. Democracia - História I. Título.

  20-44651                                      CDD-321.8
               Índices para catálogo sistemático:

    1. Democracia : Ciência política     321.8

    Cibele Maria Dias - Bibliotecária - CRB-8/9427
```

Editora Lafonte

Av. Profª Ida Kolb, 551, Casa Verde, CEP 02518-000, São Paulo-SP, Brasil
Tel.: (+55) 11 3855-2100, CEP 02518-000, São Paulo-SP, Brasil
Atendimento ao leitor (+55) 11 3855- 2216 / 11 – 3855 - 2213 – atendimento@editoralafonte.com.br
Venda de livros avulsos (+55) 11 3855- 2216 – vendas@editoralafonte.com.br
Venda de livros no atacado (+55) 11 3855-2275 – atacado@escala.com.br

Impressão e Acabamento
Gráfica Oceano

ÍNDICE

05	**1. Porque precisamos pensar a democracia?**
15	**2. Democracia: a história de um conceito**
15	**2.1.** A experiência da pólis grega
20	**2.2.** Democracia: um conceito filosófico
25	**2.3.** Princípios democráticos modernos: contratualismo e Iluminismo
27	**2.4.** O direito natural e o estado de natureza
29	**2.5.** O Estado como guardião da liberdade: soberania do povo ou soberania do governante?
35	**3. Movimentos democráticos**
37	**3.1.** A Revolução Francesa e a Declaração dos Direitos dos Homens
45	**3.2.** Lutas pela representatividade racial
45	**3.2.1.** A Revolução Haitiana
48	**3.2.2.** Movimentos abolicionistas
53	**3.2.3.** Direitos civis e a questão racial no Estados Unidos
59	**3.2.4.** Apartheid na África do Sul

61	**3.3.** Dos direitos das mulheres
61	**3.3.1.** A Revolução Francesa e os direitos da mulher
64	**3.3.2.** O Feminismo e os Movimentos Sufragistas
68	**3.3.3.** O corpo da mulher como campo de batalha
77	**4. Democracia hoje**
77	**4.1.** Democracia e liberalismo
81	**4.2.** Uma confusão: a democracia sob suspeita
86	**4.3.** A experiência democrática da Ocupação 9 de Julho
95	**Referências bibliográficas**

1 POR QUE PRECISAMOS PENSAR EM DEMOCRACIA?

Nos últimos anos, no Brasil, vimos surgir uma série de acontecimentos polêmicos que tomaram todos os espaços possíveis de nossa sociedade. Em 2013, um movimento autodenominado *Movimento Passe Livre* (MPL), tomou as ruas de diversas cidades brasileiras reivindicando um transporte público urbano de qualidade e gratuito como um direito inalienável. Ao longo do mês de junho, o pequeno grupo de manifestantes foi crescendo vertiginosamente, passando a incluir não apenas milhares de pessoas dissociadas do movimento inicial bem como novas reivindicações, cujas palavras de ordem tematizavam desde o fim do capitalismo até o fim da corrupção. Apenas dois anos depois, em 2015, novas manifestações tomam as ruas e as escolas, dessa vez, das cidades do estado de São Paulo. Diante da proposta de uma reestruturação das escolas estaduais por parte do governo estadual de Geraldo Alckmin, cujas consequências seriam a diminuição do número de escolas por todo o estado, os estudantes secundaristas tomaram as ruas, ocuparam as escolas, reivindicando a anulação desse plano e o diálogo com o governador. Surgiu daí o *Movimento dos Estudantes Secundaristas* que, com a vitória contra o então governo de São Paulo, inspirou as lutas que surgiriam no ano seguinte, em 2016, por todo o Brasil. Nesse momento, o estopim para as ocupações e manifestações foi uma série de medidas tomadas pelo governo federal de Michel Temer, após a polêmica destituição da presidente Dilma Rousseff: dentre elas, a Medida Provisória 746 – que previa mudanças estruturais no ensino médio, analisadas pelos estudantes e especialistas como responsáveis pelo aprofundamento das desigualdades sociais – e a Proposta de Emenda Constitucional (PEC) 241, chamada popularmente PEC do fim do mundo – que estabelecia um teto para os gastos públicos, impedindo o investimento em diversas áreas dos serviços públicos, dentre eles, a educação.

Ainda em 2016, doze capitais do Brasil tiveram registros de ocupações realizadas pela classe artística nas sedes e instituições culturais ligadas ao governo federal de Temer. Em reação ao fim do Ministério da Cultura, que seria absorvido pelo Ministério da Educação, os artistas e trabalhadores da cultura invadiram e ocuparam por diversos dias as sedes do Instituto Nacional do Patrimônio Histórico e Artístico Nacional (Iphan) e da Fundação Nacional das Artes (FUNARTE), em suas cidades. Mantendo uma série de atividades artísticas e culturais, com as portas abertas para o público, as ocupações ocorreram de maneira desierarquizada e autóctone, organizando-se para manter as atividades dos aparelhos culturais com ações que iam desde a manutenção básica dos espaços até a promoção das atividades abertas ao público. Concomitante às ocupações, uma série de manifestações contra o governo federal tomaram as ruas do Brasil, pedindo a anulação do impeachment de Dilma Roussef.

Em 2017, em Porto Alegre, uma exposição que tratava da temática LGBTQI+, chamada *Queermuseu*, foi cancelada pelo Santander Cultural, após uma série de manifestações preconceituosas de grupos religiosos e conservadores da sociedade. Com próxima parada marcada para o Museu de Arte do Rio de Janeiro (MAR), a exposição não foi recebida pelos mesmos motivos. O ano de 2017 deu início, com isso, a uma série de outras censuras às artes, perseguindo peças de teatro, exposições de artes visuais, entre outras. Uma série de artistas como Paula Lavigne, Caetano Veloso, Fernanda Montenegro e Marisa Montes, criaram então o movimento *342Artes! Contra a censura e contra a difamação*. Espalhando vídeos contra a censura pelas redes sociais e chamando as pessoas para a luta, o movimento organizou manifestações pelas ruas das principais cidades brasileiras.

Poderíamos citar ainda outros movimentos sociais que tomaram as ruas nas últimas décadas, não apenas no Brasil, mas também ao redor do mundo. Com reivindicações que diziam respeito à educação, ao espaço urbano e à mobilidade, à cultura e às artes, à estrutura opressora contra os negros, índios, mulheres e populações LGBTQI+, podemos perguntar o que reuniria todos esses movimentos e manifestações? O que os colocaria em uma mesma discussão? Com uma população tão múltipla como a brasileira, com uma diversidade cultural imensa, com uma das maiores desigualdades sociais do mundo, como podemos pensar a unidade de um país diante de tantos desejos diversos, diante de tantas necessidades divergentes? É aqui que entra o tema de nossa discussão: a democracia.

O filósofo Jacques Rancière (2014b) aponta como a democracia aparece sempre, ao longo da história, como uma figura a que pensadores e governantes dedicam seu ódio. No livro *O Ódio à democracia*, o autor fala de como a democracia representa, para seus detratores, certa ideia de liberdade, em que qualquer um pode manifestar seus desejos, onde todos os excessos podem tomar corpo e onde toda a ordenação do espaço social é desviada pela multiplicidade dos desejos individuais. Assim que, ora se manifeste pela educação, ora pela cultura, ora pelo transporte público, ora contra o preconceito racial, ora contra o machismo estrutural, indica, para os críticos da democracia, um excesso que impede o bom governo. Segundo esses detratores, diz Rancière, "todos esses sintomas traduzem um mesmo mal, todos esses efeitos têm uma única causa. Ela se chama democracia, *isto é*, o reino dos desejos ilimitados dos indivíduos da sociedade de massa moderna"

(RANCIÈRE, 2014b, p. 8). Assim, o ódio à democracia é o ódio contra a desordem política, que impede os governantes fazer um bom governo. Mas, se o bom governo é aquele que responde aos desejos da maioria, que atende a todas as necessidades da população, como podemos considerar normal que se queira calar a desordem da população? Como nos acostumamos a ver o ódio à democracia manifestar-se diariamente na voz da mídia, da dos governantes, dos pensadores e de parte da população?

Já em 2013, quando se iniciou essa série de movimentos políticos que aqui narramos, a figura do ódio à democracia começou a tomar fôlego e a crescer, concomitantemente com os movimentos em defesa da democracia. Nas marchas de junho de 2013, alguns pequenos grupos portavam faixas pedindo o retorno do regime militar, mas ainda sem grande expressão. Nos anos seguintes, principalmente a partir de 2015, esses movimentos começaram a se organizar cada vez mais em grupos maiores, tomando as ruas das cidades brasileiras. Muitas de suas falas, em cartazes e em entrevistas concedidas à mídia, apontavam para a necessidade de organizar a sociedade, de calar a desordem atual. Diversas pesquisas realizadas por institutos do setor mostram a ligação entre os defensores do regime militar e os apoiadores do presidente eleito nas eleições de 2018, Jair Bolsonaro. O perfil do eleitor médio que o elegeu de maneira direta e que permanece apoiando-o após seu primeiro ano de governo é bastante claro. Pesquisas realizadas pelo Datafolha e divulgadas nos principais meios jornalísticos do país, concluem que o eleitor médio de Bolsonaro é, em sua maioria, branco, acima dos quarenta anos de idade, aumentando mais ainda acima dos cinquenta; possui alta renda, formação escolar maior que a maioria da população; e esses eleitores são, em sua maioria, homens. A religião também aparece como divisor: os evangélicos constituem a parcela mais considerável de seu eleitorado. Há ainda um elevado percentual desse eleitorado que apoia ou, ao menos, não vê problemas, em um possível retorno a um regime militar. É o que mostra uma reportagem que divulga os resultados de uma pesquisa do Datafolha realizada em janeiro de 2020. A reportagem diz que o apoio à democracia como melhor forma de governo caiu após o primeiro ano do governo Bolsonaro.

Em defesa do núcleo familiar, compreendido única e exclusivamente como composto por casais heterossexuais, os defensores do regime militar apontam como desordem a liberdade de expressão nas artes, as liberdades e direitos alcançados pelas mulheres nas lutas feministas, os direitos das populações negras e indígenas. Tais manifestações dão mostras de que a liberdade pertence a uma classe da sociedade apenas, que os desejos a que uma forma de governo deve responder não são aqueles da maioria. Desse modo, não podemos considerar os movimentos pró-regime militar como paralelos aos movimentos pelos direitos democráticos. Afinal, um dos alicerces da democracia é a consideração do povo em sua maioria e não em sua minoria. A defesa do regime militar se coloca contra a democracia, contra todas as formas de manifestação que defendam a liberdade de expressão de todos, independentemente de cor, raça, gênero ou papel social, alimentando-se do ódio que a multiplicidade de desejos de um povo incita.

Rancière diz que esse ódio à democracia não é novo. "A própria palavra é a expressão de um ódio. Foi primeiro um insulto inventado na Grécia Antiga por aqueles que viam a ruína de toda a ordem legítima no inominável governo da multidão" (RANCIÈRE, 2014, p. 8). Hoje, a democracia ainda aparece como uma espécie de insulto para tudo aquilo que seus detratores enxergam como excesso ou desordem. Mesmo seus defensores parecem colocá-la em xeque, ou ao menos questionar sua real eficácia, como vemos no célebre discurso do estadista inglês Winston Churchill, que proclamou na Câmara: "De fato, já houve quem dissesse que a democracia é a pior forma de governo, à exceção de todas as outras que têm sido tentadas de quando em vez". Afirma-se que a democracia é a melhor forma de governo, mas, ao mesmo tempo, se questiona se seria de fato uma boa forma.

Gostemos ou não da democracia, tenhamos ou não ódio contra ela, fato é que a maior parte dos países do Ocidente, dentre eles o Brasil, vivem em democracias.

Com suas diversas diferenças entre um país e outro ou mesmo entre um governo e outro do mesmo país, nossos modos de vida em sociedade são organizados segundo a compreensão dessa palavra tão polêmica. Nesse sentido, é de extrema importância que a compreendamos melhor, que nos esforcemos por conhecer sua história, seu surgimento e desenvolvimento, seu pensamento, movimentos e transformações ao longo da história. É a isso que nos dedicaremos aqui.

Começaremos, no próximo capítulo, denominado *História de um conceito*, o nosso empenho em reconstruir o modo como surge o termo democracia na Grécia Antiga. O conceito de democracia será pensado em paralelo ao modo de vida instituído na *pólis* grega, em Atenas. Trataremos de outras noções que surgem com o pensamento e com a prática democrática – como as noções de liberdade, igualdade, participação política, assembleia, dentro outras – e analisaremos como elas se modificam ao longo da história, como consequência das próprias transformações operadas na prática e no pensamento democrático. Passaremos a um segundo momento, no qual o pensamento da democracia e de seus princípios democráticos ressurgem como campo teórico, com as teorias contratualistas e o pensamento iluminista.

Mais adiante, em capítulo intitulado *Movimentos democráticos*, tomaremos como ponto de partida o marco histórico que é considerado como essencial para a compreensão da democracia na contemporaneidade: a Revolução Francesa. Pensaremos como a ruptura efetivada com relação às formas de organização política, religiosa e econômica, que a revolução operou, serve de base, ainda hoje, para nossas democracias. Seguiremos ainda os diversos movimentos de democratização pelo mundo ocidental, que se empenharam em ampliar as categorias de cidadania, liberdade e igualdade. Dentre eles, alguns movimentos pela independência nas colônias da América, as lutas abolicionistas, a segregação racial nos Estados Unidos e na África do Sul, o movimento sufragista feminino e seus desdobramentos nas lutas feministas.

No último capítulo, *Democracia hoje*, analisaremos alguns dos debates mais atuais em torno da democracia, considerando-a como forma de pensamento e como prática. Nosso intuito será desconstruir alguns nós para que possamos responder ao ódio à democracia, para que possamos pensar que a democracia não é nosso inimigo político. Após uma discussão mais teórica, faremos uma análise de caso para pensar como podemos manter viva e em movimento a luta pelos princípios democráticos nos tempos atuais, sem nos apegarmos a uma nostalgia por tempos perdidos e sem apostar em um futuro que talvez nunca chegue. Veremos como a luta política se dá no aqui e agora, em nosso presente.

2. DEMOCRACIA: A HISTÓRIA DE UM CONCEITO

A experiência da pólis grega

O pensamento da democracia surge na Grécia Antiga com uma mudança no pensamento filosófico. Antes preocupada com o pensamento da natureza, a filosofia irá passar a se preocupar, segundo Marilena Chauí, com "os temas da política, da ética e da teoria do conhecimento. A *pólis* e os humanos tornam-se os objetos filosóficos por excelência" (CHAUI, 2002, p. 129). O centro geográfico em que isso se desenvolve é Atenas, local onde os maiores filósofos gregos, como Sócrates, Platão e Aristóteles, irão atuar e fundar suas escolas, promovendo um debate em torno do pensamento da melhor forma de governo em prol de uma vida justa e virtuosa da *pólis*.

Segundo Chauí, (2002), a Grécia era organizada em duas classes: a dos agricultores e a dos artífices. Mas, com o surgimento de uma nobreza agrária, formou-se uma aristocracia e instituiu-se um regime escravista. A forma de governo não era, ainda, a democracia que viria a surgir algum tempo depois, mas uma oligarquia. Em grego, *olígos* significa *alguns*, enquanto *arkhía*, designa a *função suprema do governo*. A oligarquia, então, era o governo exercido apenas por alguns, nesse caso, pela elite proprietária de terras. Após as reformas empreendidas por Sólon e Clístenes, dois importantes legisladores da época, instituiu-se aquilo que chamamos de *pólis* e que é o espaço político propriamente dito. A *pólis* não se refere simplesmente à cidade geograficamente, ou como um espaço físico no qual a vida de uma comunidade se desenrola. Ela quer dizer também o espaço político no qual se decide sobre como uma comunidade deve viver. A *pólis* é a identificação de uma comunidade consigo mesma. O surgimento da democracia está diretamente associado ao surgimento da *pólis*. Diferente da oligarquia, compreendida como o governo de alguns, a democracia terá o seguinte significado: *démoi*, significa cidadãos, enquanto que *krátos* é poder, resultando, assim, no seguinte sentido: o poder dos cidadãos. Chauí (2002) aponta para a originalidade do termo democracia em relação às outras formas de governo pensadas pela Grécia Antiga: monarquia, oligarquia e anarquia. Enquanto estas empregam como sufixo o termo derivado de *arkhía* (função suprema de governo), a democracia tem seu sufixo derivado de *krátos* (poder, força). Esta se refere não à função do governo que é entregue a alguém, mas ao próprio princípio do poder que, nesse caso, é a soberania dos cidadãos. Assim, em lugar de entregar o poder a um único indivíduo (monarquia), a alguns indivíduos (oligarquia) ou não entregar o poder a ninguém (anarquia), a democracia traz outro sentido, que nada diz sobre entregar o poder a alguém. Ao contrário, a palavra nos mostra que o poder deve ser exercido por aquilo que é o próprio princípio de qualquer poder: os cidadãos. Nesse sentido, o que o termo democracia indica é que não existe poder, se não houver a participação direta dos cidadãos nas decisões da *pólis*. E se há algo a que todos devem obedecer é às leis. Mas estas não são impostas de cima. São criadas pelo *demos*, pela participação dos cidadãos na política.

Essa participação acontece de maneira direta, na Assembleia Geral, onde todos os cidadãos atenienses são chamados a discutir e decidir coletivamente e de maneira pública sobre os temas mais importantes para a cidade. A *pólis* é dirigida pelo Conselho dos 500, composta por cidadãos escolhidos em todas as camadas sociais e impedidos de participar do conselho por mais de duas vezes ao longo da vida, com o intuito de evitar uma classe de "profissionais" da política. Os integrantes também recebiam um salário durante seu período no conselho, o que permitia a participação dos membros das famílias mais pobres. Mas se, por um lado, as reformas de Sólon e de Clístenes instituíram a ideia de um cidadão, não podemos nos enganar e pensar que ela traz o mesmo sentido que hoje lhe conferimos. Atenas era uma sociedade escravocrata, mantendo milhares de trabalhadores em condições precárias, sem direito a receber salários. Os indivíduos escravizados eram, em sua maioria, prisioneiros de guerra ou aqueles que haviam contraído dívidas e foram incapazes de quitá-las. Assim como os escravos, também eram excluídos da cidadania os estrangeiros, as mulheres e as crianças. A cidadania, em Atenas, existe "apenas para os homens livres adultos e naturais de Atenas" (CHAUI, 2002, p. 134).

Desse modo, a democracia ateniense difere de nossas democracias modernas em relação à cidadania. Sabemos que hoje a ideia de cidadania, ao menos teoricamente, abarca todos esses indivíduos excluídos em Atenas. O que não significa que, na prática, nossas sociedades não excluam classes inteiras de pessoas da política. Mas isso será assunto para outro capítulo. Outra diferença fundamental é a ideia de uma democracia participativa, na qual todo cidadão discute e decide coletivamente sobre os destinos da *pólis*. Hoje, nossas democracias estabelecem uma participação indireta, muitas vezes reduzida à ausência de participação, escondida sob o nome de democracia representativa. Os cidadãos das sociedades modernas democráticas não possuem um espaço público onde podem comparecer para decidir sobre as políticas a adotar. Pelas eleições, escolhemos uma série de representantes que irão governar por nós e governar a nós.

É interessante notar como as diferenças entre uma democracia participativa e uma democracia representativa têm influência sobre a própria noção de igualdade.

Para os gregos, todo cidadão, independentemente de sua formação intelectual, de seu papel social, de sua riqueza econômica ou dos laços filiais, é considerado como igual nas questões políticas. Não existe nenhum cidadão que possa se considerar mais apto a governar. Como afirma Chauí, "em política, todos dispunham das mesmas informações (quais eram as leis, como operavam os tribunais, quais os fatos que iriam ser discutidos e decididos), e possuíam os mesmos direitos, sendo iguais" (CHAUI, 2002, p. 134). O caso do julgamento de Sócrates, um dos maiores pensadores da Grécia Antiga, tido como pai da filosofia, é um ótimo exemplo da importância dada à igualdade de todos na *pólis*. O filósofo, que fundou sua própria escola em Atenas, foi condenado à morte pelos cidadãos, acusado de corromper a juventude e de questionar os deuses e as leis da *pólis*. O relato do julgamento é reproduzido por um de seus discípulos, Platão, no livro *Apologia de Sócrates*. Há diversos estudos em torno do emblemático discurso de defesa de Sócrates que se autodeclara inocente até o final do julgamento. Sócrates foi condenado por ter se tornado uma figura ilustre demais, por ter se sobressaído entre seus iguais e, com isso, ter incomodado os poderosos da *pólis*. Sua escola, que propunha pensar as questões da virtude e da justiça aos jovens, aparecia para os outros cidadãos como uma espécie de assembleia apartada, na qual eram discutidas e questionadas as leis da cidade. Se era esse ou não o papel da escola de Sócrates, não discutiremos aqui. Interessa-nos pensar o modo como seu julgamento mostra a importância da igualdade entre todos os cidadãos na organização política ateniense.

Democracia: um conceito filosófico

A democracia surge, na Grécia Antiga, ao mesmo tempo, como conceito e como prática social. Se esta tomava lugar na Assembleia, o pensamento da democracia acontecia nas discussões, debates e escritos filosóficos que perpassaram as vidas de filósofos por várias gerações. Sócrates, cujas palavras nos chegam por meio dos escritos de seu discípulo Platão, preocupava-se com as ideias em torno da justiça e do justo. Platão, cujo pensamento, em seus livros, se confunde com o de Sócrates, trouxe a questão de qual seria a melhor forma de governo; aquela mais justa, que permitisse a liberdade de todos. É a isso que o autor irá se dedicar em seu livro *A República* (PLATÃO, 2010). Nele, Platão define as três principais formas de governo: a democracia, a aristocracia e a monarquia. Na primeira, definida como o governo da maioria, o excesso de liberdade faria, segundo Platão, com que a forma de governo degenerasse para uma total anarquia. Na segunda forma, o governo de alguns, seria a riqueza o vilão que viria a degenerar o governo. Cegos pelo desejo de enriquecer cada vez mais, sua aristocracia como governo degeneraria em oligarquia. Na terceira forma, a monarquia, o governo de um só, acabaria por empregar a violência para a manutenção de seu poder e seu governo degeneraria em tirania. Platão, nada afeito à democracia e a suas liberdades, conclui que a melhor forma de governo seria outra espécie de aristocracia, não mais pautada na riqueza de seus governantes, mas na maior capacidade intelectual. Na República de Platão, o governo perfeito é aquele gerido pela classe dos filósofos, dedicados única e exclusivamente ao pensamento do justo e virtuoso e ao bom governo da cidade.

A partir desse debate, será o discípulo de Platão, Aristóteles, quem irá redefinir a democracia, dando-lhe a aparência que, ainda hoje, temos dela. Para Aristóteles (2007), há alguns fundamentos básicos do pensamento da democracia. A liberdade aparece como o principal desses fundamentos, mas, como adverte o autor, ela deve obedecer a algumas características para que seja uma liberdade de fato. Assim, Aristóteles afirma que, em liberdade,

> os cidadãos obedecem e mandam alternativamente, pois o direito ou a justiça de um Estado popular consiste em observar a igualdade no número e não no mérito. Segundo essa ideia do justo, é preciso necessariamente que a soberania resida na massa do povo, e que aquilo que ela tenha decretado seja definitivamente firmado como o direito ou o justo por excelência, pois se pretende que todos os cidadãos tenham direitos iguais.

> Disso resulta que, nas democracias, os pobres têm mais autoridade que os ricos, pois são em maioria e os seus decretos têm força de lei. (ARISTÓTELES, 2007, p. 210-211).

Aristóteles define, assim, uma ideia de igualdade e uma ideia de justiça que fundamentam nosso pensamento político ainda hoje. A igualdade pensada por Aristóteles não quer dizer que cada cidadão seja igual de fato, que possua as mesmas riquezas e os mesmos desejos. Ao contrário, a democracia surge como a forma de organização política capaz de lidar com as diferenças entre as diversas classes que compõem uma sociedade. Entre os ricos e os pobres haverá sempre uma distância enorme que deve ser mitigada por uma forma de governo preocupada com aquilo que é justo para a maioria. A igualdade da qual fala Aristóteles é, portanto, a mesma de que falam hoje nossas democracias contemporâneas: uma igualdade política e não uma igualdade de fato.

Mas cabe perguntar quais seriam as implicações de pensarmos uma igualdade política que não é uma igualdade de fato. Aristóteles propõe tal ideia a partir da análise de diversas formas de organização política, bem como de diversas ordenações sociais existentes em seu tempo. A partir disso, o autor constata que existem sociedades nas quais as divisões de classes são mais numerosas e em outras, menos. Há cidadãos pobres e ricos, descendentes de famílias mais ou menos importantes, cujos ofícios também divergem. Dada essa multiplicidade que compõe a população de uma sociedade, faz-se necessário considerar que existem necessidades e desejos tão diversos quanto é a variedade de classes sociais.

A democracia surge, pois, como uma forma de organização política que, para Aristóteles, seria capaz de lidar com o conflito inerente a semelhante sociedade. Assim o autor pressupõe uma distribuição dos deveres e de autoridade, uma vez que considera que todos podem ser eleitos por todos, que a autoridade deve ser exercida por cada cidadão sobre cada um, que deve haver rotatividade nas magistraturas eleitas e, enfim, que a resolução de todas as questões centrais para o Estado devem ser decididas em Assembleia, com a participação de todos. Como afirma Chauí, existem alguns lugares-comuns no pensamento da democracia sem os quais é impossível

> sequer esboçar uma discussão da prática democrática. *Grosso modo*, o conceito de democracia é constituído pelas seguintes ideias: a de comunidade política baseada na liberdade e na igualdade dos direitos, a de poder popular baseado no consenso da maioria e na salvaguarda das minorias, a de conflitos internos resolvidos por intermédio de dispositivos institucionais que garantam a luta política pelo poder, a de competição, elegibilidade e rotatividade dos governantes. (CHAUI, 2018, p. 134)

As diferentes formas históricas assumidas pela democracia, continua Chauí, dependem das diferentes articulações entre essas ideias que a fundamentam desde a Grécia Antiga. Por esse motivo, a reconstrução da história do conceito de democracia, bem como de seus movimentos históricos, se torna de extrema importância para compreendermos as transformações de nossas formas de organização política. Não existe algo como uma ideia única e imutável de democracia, como se ela pudesse ser pensada como uma forma de governo pronto que bastaria aplicar a determinado Estado. Ao contrário, de acordo com o que vamos construindo aqui, mais do que uma forma de governo, a democracia é uma forma de organização política que pode estar atrelada a diversas formas de governo. Mais do que pensar em uma democracia, nosso trabalho aqui é o de pensar *as democracias* em suas diversas formas.

De Sólon a Clístenes, passando por Sócrates, Platão e Aristóteles, perpassa esse pensamento da democracia não apenas como forma de governo, mas como um modo de organização política capaz de determinar o modo de vida de uma comunidade. Uma comunidade deve ser virtuosa e justa e deve permitir a liberdade do povo. Há, pois, uma ligação intrínseca entre moral e política em todos esses autores. Não é por coincidência que a pergunta que anima o pensamento político de Platão seja sobre o justo e, por consequência, sobre a cidade mais justa e a forma de organização política que a promova e mantenha.

Princípios democráticos modernos: contratualismo e Iluminismo

Será muito tempo depois na história, já no momento que conhecemos como o Renascimento, que veremos a democracia aparecer novamente como tema dos mais importantes no pensamento político e filosófico. É nesse momento que surge o movimento conhecido como Iluminismo, preocupado em recolocar as questões da liberdade e da igualdade a partir da experiência das sociedades atuais, já bastante distantes daquelas organizadas sob o nome de *pólis*. Foram diversas as influências que fizeram com que esses temas viessem à tona nesse período da história, em especial a expansão ultramarina, com a conquista violenta da América, Ásia e África e com os decorrentes recursos amealhados, que propiciaram a criação dos estados absolutistas na Europa, responsáveis por unificar as leis, os impostos e os exércitos para a gestão do mercantilismo que então se instaurava. A classe burguesa, que se formava e se fortalecia com a nova organização econômica, inicia um movimento cultural e intelectual interessado em defender seus interesses a partir das ideias de liberdade política e econômica. Os pensadores que representavam esse pensamento, respondiam, com seu racionalismo, às formas de governo existentes até então, cuja legitimidade, no tocante aos reis, era fundamentada no poder divino. Questionando o poder da Igreja católica, os pensadores iluministas estavam interessados em fundar o poder a partir do novo paradigma da ciência nascente: o homem.

Diversos filósofos conhecidos como contratualistas, bem como os do movimento iluminista, se debruçaram, se não sobre o pensamento da democracia em si, ao menos, sobre as ideias consideradas pelos gregos como fundamentais a seu pensamento e prática, como a liberdade, a igualdade e a soberania do povo. Ainda no século XVI, precedendo ambos os movimentos de pensamento, o jovem filósofo francês, Étienne de La Boétie escreveu um ensaio intitulado *Discurso da servidão voluntária*. Nele, o autor se pergunta como é possível que povos inteiros entreguem seu poder soberano a um único indivíduo. Como, interroga ainda La Boétie, teria acontecido o "mau encontro" entre o desejo de servir e o desejo de poder? "Como pode ser que tantos homens, tantos burgos, tantas cidades, tantas nações suportam, às vezes, um tirano só, que tem apenas o poderio que eles lhe dão?" (La Boétie, 1982). A partir da conclusão de que tal entrega ocorre de maneira voluntária, e não pela força, o autor questiona ainda como é possível então que a servidão se perpetue. Como compreender que os povos não se rebelem contra esse poder? Como pode o homem "perder a lembrança de seu primeiro ser e o desejo de retomá-lo?" (La Boétie, 1982). A ação do tempo se impõe, então, como força maior que a da própria natureza, e La Boétie nos diz que é o costume que faz com que o homem se esqueça de sua liberdade natural; afinal, "o natural se perde, se não é cultivado" (La Boétie, 1982).

O pensamento de La Boétie teve enorme impacto em diversos pensadores que o sucederam, reunidos em torno das teorias contratualistas. Esses pensadores foram responsáveis por criar os discursos que legitimaram o Estado moderno, a partir de diversas visões de como deveria ser o contrato social. É a partir dessa discussão que podemos afirmar que a noção de democracia, na modernidade, caminhou de mãos dadas com a noção de contrato social, bem como com a discussão do direito natural. Esses pensadores, entre eles, Jean Jacques Rousseau, John Locke e Thomas Hobbes, conceberam ideias diversas sobre a melhor forma de governo, tendo em comum o intuito de construir essa melhor forma de governo, forma que se preocuparia com a maioria, com a soberania do povo no pacto social. Ao lado do racionalismo, seu pensamento defendia a criação de governos pautados nas leis estabelecidas pelo pensamento do direito natural. Rousseau, apesar de contratualista, levou seu pensamento político a espaços muito mais radicais do que os anteriores, como veremos; mas seu modo de pensar já se inseria nos parâmetros do movimento iluminista.

O direito natural e o estado de natureza

O direito natural era concebido a partir da ideia hipotética de que haveria, antes da formação de um Estado, com suas leis e instituições, um estado de natureza. Um modo de vida em que os homens viviam em total liberdade, sem nenhuma instância que os coibisse de qualquer ação, sem nenhum poder instituído que ordenasse as relações entre os homens. Para Rousseau, no estado de natureza, os homens são pacíficos e aquilo que os desvirtua é a propriedade privada. O desejo de possuir poder e de ascender economicamente é aquilo que traria à tona a maldade dos homens. Mas, como afirma o filósofo, não há como voltar atrás e retornar a um estado de natureza. Afinal, ele não é encontrado no tempo histórico, mas apenas como figura hipotética e retórica do pensamento. Hobbes, por sua vez, afirma que o homem em estado de natureza, é naturalmente mau. Os conflitos chegariam a tal ponto, sem um Estado para organizá-los, que os homens viveriam em um caos de medo, desconfiança e violência. Já para Locke, em um modo de pensar que estaria situado entre o dos filósofos anteriores, afirmava que, em estado de natureza, o homem vivia em plena igualdade entre todos, inclusive no que diz respeito ao sentimento de posse sobre os bens naturais. O problema surge quando diferentes homens decidem ter a posse de um mesmo bem, entrando em conflitos.

As concepções diversas do homem em estado de natureza tiveram influência na concepção da melhor forma de instituir um Estado civil, de criar leis e de fazer com que os cidadãos estejam submetidos a elas. O contratualismo, em geral, estabeleceu a passagem do homem, de seu estado de natureza, para o estado civil. Seu intuito era criar um espaço social de garantias e respeito aos direitos naturais dos homens sob a mão de um poder soberano, de um Estado responsável por cumprir as funções acordadas no pacto social. É a partir dessa discussão do contrato civil, em suas diversas formas, que irá surgir a ideia de uma democracia representativa, bastante diferente daquela praticada e pensada pelos antigos gregos que, como vimos, era uma democracia participativa, direta. A principal mudança operada na passagem de uma democracia participativa ou direta para uma representativa ou indireta é a entrega do poder do *demos*, do povo, para os poderes instituídos no pacto civil. Os poderes executivo e legislativo surgem como as instituições modernas que passaram a representar os desejos do povo e a discutir e decidir sobre o destino dos Estados.

O Estado como guardião da liberdade: soberania do povo ou soberania do governante?

Como afirma Carlos Frederico Marés, "inventou-se o Estado para ser o guardião da liberdade" (2002, p. 266); afinal, era a liberdade e suas consequências para o convívio coletivo que estava em jogo na passagem de um estado de natureza para o de um estado civil. Muda-se, assim, o próprio sentido de liberdade, pois se, em estado de natureza, a liberdade é poder fazer aquilo que se deseja, sem nenhuma obediência a leis, a liberdade, no estado civil, será pensada como a garantia de proteção em relação aos direitos naturais que o Estado será responsável por dar a cada indivíduo quando este lhe entrega, no pacto, sua liberdade individual. Marés afirma que

> a liberdade, para o homem em sociedade, é a de se submeter ao que haja sido estabelecido por consentimento no seio do Estado. E o estabelecido, que limita a liberdade, há de ser feito em leis que sejam ditadas pelo poder legislativo de acordo com a missão que todos lhe hão confiado. Esta é a base do contrato social. Como o limite da liberdade é o contrato social, ou o conjunto de leis de uma nação, estas leis têm que ter forte dose de legitimidade, isto é, o reconhecimento de todos, porque é nela que se assenta o poder de limitar a liberdade de cada um. (MARÉS, 2002, p. 267).

Assim instituída a sociedade, a partir das novas relações mercantis e no fim do campesinato com o estabelecimento da propriedade privada, o homem passa a possuir bens que devem ser geridos, protegidos e respeitados dentro das leis estabelecidas pelo Estado. Se no estado de natureza os conflitos surgiam em torno da posse dos bens naturais, que não estavam garantidos por nenhuma lei, por nenhuma limitação da liberdade individual, no estado civil esses conflitos serão garantidos pelo Estado, pelas leis criadas e administradas pela representatividade do poder legislativo. Dito de outra maneira, para Marés, "os limites da liberdade individual são aceitos porque trocados pelos direitos individuais, ou pelo direito de livremente acumular bens e deles dispor pela venda e troca" (MARÉS, 2002, p. 267).

Mas, como já dissemos, foram diversas e até mesmo divergentes as perspectivas pelas quais os contratualistas pensaram o contrato civil e a melhor forma de governo para o bem da maioria. Para Hobbes, a melhor forma de governo era a monarquia; afinal, como o homem era mau por natureza, fazia-se necessária a presença de um Estado forte, capaz de organizar o caos da vida em sociedade. A tendência egoísta do homem o levaria sempre a querer satisfazer indiscriminadamente seus desejos e necessidades; e o papel do Estado, nesse sentido, seria o de gerir a distribuição dos recursos de maneira justa, garantindo a paz social. Hobbes justifica, assim, o poder absolutista que já vigorava então, atualizando-o para o tempo presente. Como a justificativa do poder divino do monarca estava sendo fortemente questionada pelo pensamento da época, bem como pelas populações europeias em geral, era necessário encontrar um novo caminho para justificar que o poder soberano deveria ser centralizado na figura de um único homem, o monarca.

Locke, por sua vez, diverge das ideias de Hobbes, tanto em relação ao estado de natureza, como já dissemos, quanto em relação à melhor forma de governo. Se o que força o estabelecimento do pacto, para Hobbes, é o estado constante de guerra, para Locke, o pacto acontece por consentimento. O Estado civil só pode ser legitimado pelo consentimento racional e pacífico de um povo e nunca pelo uso da violência, nem pela justificativa da tradição. Defensor da liberdade como um dos direitos naturais basilares para o funcionamento do pacto, Locke acrescenta mais dois direitos fundamentais à sua teoria: o direito à vida e o direito à propriedade. Esses três direitos devem ser preservados e garantidos pelo contrato social. E se o governo instituído pelo pacto se mostra incapaz de garanti-los ou mesmo se os desrespeita, pode ser destituído pelo poder soberano do povo. Assim, diferente de Hobbes, para quem o monarca não estava sujeito às leis, o governo, em Locke, está sujeito às mesmas leis que os homens. O governo, aliás, é formado por homens e por isso deve ser também submetido aos deveres e obrigações responsáveis por manter a paz. Para Locke, a melhor forma de governo é o parlamentarismo, pois permitiria uma maior participação representativa do povo.

Rousseau, por sua vez, marcando a passagem para o movimento iluminista, apresenta um pensamento mais radical em relação a Hobbes e Locke, realizando uma crítica ao próprio contratualismo. O pacto civil, para o autor, era ilegítimo na medida em que havia se baseado na defesa da propriedade privada, corruptora do homem em estado de natureza. Rousseau era, desse modo, defensor de uma completa reformulação do pacto bem como das formas de governo, que deveriam garantir a real liberdade do povo. Grande defensor da democracia, o autor compreendia que a soberania do povo era o mais importante. A alienação das liberdades individuais em um Estado só poderia acontecer em benefício dos interesses gerais da sociedade. Não se trata, portanto da criação de uma constituição que venha a limitar o poder de um monarca ou governo soberano. Antes, trata-se de pensar que a soberania possui como única origem, capaz de legitimar um governo, o próprio povo. A soberania é o povo e o governante é compreendido como agente dessa soberania. E deve, por isso, servir ao povo, seguindo as prescrições que este lhe dá sobre as decisões em relação à sociedade. Diferente da ideia de uma soberania que é concedida a um monarca, a soberania pensada por Rousseau é concedida ao conjunto total do povo. Desde que o governo obedeça à vontade geral, cada cidadão terá sua liberdade civil garantida. Os indivíduos alienam sua liberdade para o coletivo e o pacto estabelece que todos façam o mesmo, garantindo, dessa forma, a igualdade. Desse modo, Rousseau concebe o verdadeiro governo democrático como aquele no qual todos são, ao mesmo tempo, legisladores e sujeitos às leis, sem que haja uma distância intransponível entre governantes e governados.

Esses pensadores, do contratualismo ao Iluminismo, foram responsáveis por estabelecer os marcos dos princípios democráticos que viriam a influenciar as diversas revoltas e revoluções que tomaram a Europa e o mundo ao longo do século XIX. No próximo capítulo, analisaremos essas revoluções e o modo com que incendiaram o imaginário político a partir das mudanças operadas no pensamento político. Se podemos dizer que esses filósofos deixaram algum legado para o período de caos e revoluções que viriam a seguir, foi o pensamento de que uma ideia é capaz de mudar o mundo.

3 MOVIMENTOS DEMOCRÁTICOS

Com a passagem do feudalismo ao capitalismo, a mercantilização, que é conhecida como a primeira fase do capitalismo, gerou uma série de mudanças econômicas, políticas e sociais, que tiveram impacto nos modos de vida em sociedade. Outro movimento de mudanças viria a se disseminar no mundo ocidental, conhecido como a Revolução Industrial. Suas consequências acarretaram grande afluência de pessoas do campo para as cidades, sem que houvesse qualquer estrutura para absorver essas pessoas em condições de vida minimamente aceitáveis. A fome e a miséria assolavam os países europeus. O poder divino, como forma de legitimação dos governos absolutistas, passou a ser cada vez mais questionado, não apenas pela filosofia, mas pela própria população abandonada à própria sorte. A insatisfação das camadas mais pobres da sociedade, bem como da burguesia, em constante luta contra a nobreza, colocaram os países da Europa, bem como as colônias na América, em um constante estado de revoltas. Como afirma Eric J. Hobsbawm,

> o final do século XVIII, como vimos, foi uma
> época de crise para os velhos regimes da Europa e
> seus sistemas econômicos, e suas últimas décadas
> foram cheias de agitações políticas, às vezes che-
> gando a ponto da revolta, e de movimentos colo-
> niais em busca de autonomia, às vezes atingindo
> o ponto da secessão. (HOBSBAWM, 2003, p. 84).

Todas essas revoltas e revoluções, guardadas as suas especificidades, tiveram algo em comum: foram movidas pelos princípios democráticos, colocando sempre em questão os limites da representatividade dos Estados modernos, seja na Europa, seja nas colônias da América.

Essas lutas não ficaram isoladas. Suas repercussões movimentaram todo o século XIX e viriam ainda a influenciar outras lutas que tomaram corpo ao longo do século XX, chegando até os dias atuais. Suas diversas reivindicações, ora individualistas e burguesas, ora coletivas e preocupadas com o todo, colocavam a questão da multiplicidade dos desejos e da necessidade das diversas classes que compõem uma nação ou um país. Questionavam ainda a estreiteza da noção de cidadania, porque raramente incluía a população em sua totalidade. Se os contratualistas deram forma a um modo de pensar o governo, preocupado com o bem da maioria, esses movimentos democráticos das revoluções e revoltas viriam a questionar o que se considerava como maioria; quais cidadãos estavam, de fato, inseridos na ideia de cidadania.

É por isso que analisaremos alguns desses movimentos que, se não instituíram de maneira direta governos democráticos, foram responsáveis por trazer à tona os princípios que fundamentam a democracia. Consideramos, portanto, que, antes de ser um regime político, a democracia é uma forma de organização política. Era isso que estava em jogo também, tanto no pensamento da Grécia antiga quanto no pensamento dos contratualistas e iluministas: o pensamento de uma forma de organização política que pode ser, independente do regime político, democrática. Seus princípios foram sendo construídos ao longo de décadas e mais décadas de lutas políticas, com as quais podemos aprender para continuar a lutar ainda hoje.

A Revolução Francesa e a Declaração dos Direitos dos Homens

A Revolução Francesa ficou marcada como a passagem daquilo que concebemos como modernidade para a contemporaneidade. Nascida num momento ímpar da história, em que a burguesia e os trabalhadores se uniram na luta contra a antiga nobreza e contra os governos monárquicos absolutistas, a revolução visava retirar o poder das mãos destes, transferindo-o para as mãos do povo. Inspirados nas ideias iluministas, os revoltosos questionavam o poder divino dos regimes absolutistas bem como os privilégios da nobreza, o que culminaria na invasão da Bastilha e na decapitação do rei. Um dos mais marcantes eventos da passagem da modernidade para a contemporaneidade, esse ato dos revoltosos marcou uma profunda cisão, não apenas entre dois modos de governo, mas entre duas visões de mundo. A esse respeito, Tocqueville afirma:

> Como o objetivo da Revolução Francesa não era tão-somente mudar o governo, mas também abolir a antiga forma de sociedade, teve de atacar-se, ao mesmo tempo, a todos os poderes estabelecidos, arruinar todas as influências reconhecidas, apagar as tradições, renovar os costumes e os hábitos e esvaziar, de certa maneira, o espírito humano de todas as ideias sobre as quais se assentavam até então o respeito e a obediência.
> (TOCQUEVILLE, 1997, p. 56)

Mas, a união entre a burguesia e os trabalhadores não foi assim tão simples, acarretando uma série de dissidências e divisões do movimento revolucionário, em diversos momentos e em vários governos. Das Assembleias Nacionais ao período conhecido como o do Terror, a França de então assistiu a uma maior participação da classe burguesa e dos assalariados no governo, bem como à decapitação de novos governantes que assumiam o poder. Não nos interessa discutir aqui os detalhes da Revolução Francesa, mas apontar o desenvolvimento dos princípios democráticos que seu processo desencadeou.

Com suas características específicas, a Revolução Francesa viria a marcar o imaginário contemporâneo da política, influenciando os Estados democráticos que surgiriam posteriormente. Como descreve Eric J. Hobsbawm,

> a Revolução Francesa não foi feita ou liderada por um partido ou movimento organizado, no sentido moderno, nem por homens que estivessem tentando levar a cabo um programa estruturado. Nem mesmo chegou a ter 'líderes' do tipo que as revoluções do século XX nos têm apresentado [...]. Não obstante, um surpreendente consenso de ideias gerais entre um grupo social bastante coerente deu ao movimento revolucionário uma unidade efetiva. O grupo era a 'burguesia'; suas ideias eram as do liberalismo clássico, conforme formuladas pelos 'filósofos' e 'economistas' [...]. Até este ponto os 'filósofos' podem ser, com justiça, considerados responsáveis pela Revolução. Ela teria ocorrido sem eles; mas eles provavelmente constituíram a diferença entre um simples colapso de um velho regime e a sua substituição rápida e efetiva por um novo. (HOBSBAWM, 2003, p. 90).

Os ideais da revolução, que compunham suas palavras de ordem, eram liberdade, fraternidade e igualdade. Essas palavras ecoaram pelo mundo ocidental e espalharam a ideia de que era possível questionar o poder vigente, exigindo maiores direitos para o povo. Vemos, portanto, como a Revolução Francesa foi responsável por difundir o imaginário dos princípios democráticos pensados pelos iluministas.

A Revolução Francesa estabeleceu, logo em seu início, uma Assembleia Geral. Esta elaborou uma Constituição que estabelecia as regras e leis para a nova forma de governo e de vida em sociedade, que deveria se instaurar com a queda do Antigo Regime. Assim era chamado pelos revoltosos o governo monárquico que haviam destituído. É a partir daí que surge a ideia de uma Assembleia extraordinária, que seria responsável pela modificação da Constituição de um país, ideia posta em prática ainda hoje pelos governos contemporâneos em períodos de grandes mudanças políticas, econômicas e sociais. Mesmo que em sua origem ela tivesse como objetivo ordenar o país de acordo com os interesses da maioria, permitindo a maior participação do povo por meio daqueles escolhidos para representá-lo, nem sempre, ao longo da história, uma nova constituinte significou um progresso no sentido de ampliar os princípios democráticos. Muitas vezes, como é caso da maior parte das ditaduras que assolaram a América Latina ao longo do século XX, as novas constituições eram feitas por decreto, por imposição, desrespeitando a soberania da população. Como explicam Bobbio, Matteucci e Pasquino,

> "A Assembleia constituinte é eleita com fins precisos e limitados no tempo. É investida do man-

dato de fazer uma Constituição escrita, que contenha uma série de normas jurídicas, coligadas organicamente entre si, para regular o funcionamento dos principais órgãos de Estado e consagrar os direitos dos cidadãos. Portanto, o poder constituinte é um poder superior ao poder legislativo, sendo precisamente a Constituição o ato que, instaurando o Governo, o regula e o limita. Mas é um poder excepcional, que se dá somente no momento da fundação do Estado, ao qual são subtraídas todas as funções mais especificamente políticas, como a atividade legislativa e o controle do executivo" (BOBBIO, MATTEUCCI, PASQUINO, 1998, p. 60)

É na Assembleia, pois, que nasce a famosa *Declaração dos direitos dos homens e do cidadão* (1789). É importante notar que, apesar de se proclamar como revolucionária em relação ao que chamam de Antigo Regime, a *Declaração* não questiona a monarquia e tampouco propõe a instituição de um novo regime político. Por outro lado, opera um deslocamento importante na noção de *nação*. Se esta, antes, era bastante vaga e se identificava diretamente com a figura do monarca, a partir da *Declaração*, irá propor um conceito mais amplo que deverá incluir todo o povo, separado da figura do rei. Dirá ainda que a nação é soberana e que a autoridade de um governo ou governante só é válida se emanar da nação. Em outras palavras, a autoridade de um governante já não pode mais ser legitimado pelo poder divino, mas apenas pelo desejo da maioria. Aparece ainda, na *Declaração*, a afirmação dos diversos elementos que compunham o pensamento iluminista, ou seja, os direitos naturais, a igualdade dos cidadãos em relação a seu nascimento, a liberdade de expressão, a proteção à propriedade privada e, ainda, a separação dos poderes Legislativo e Executivo. Além disso, o direito de todo homem infrator da lei de ter um julgamento justo e claro, sem que se deva ficar sob a arbitrariedade das decisões de uma única pessoa. Todas essas questões, como vemos, nos são bastante próximas, pois serviram como base para a maioria das Constituições que fundaram os Estados modernos do Ocidente.

Bobbio, Matteucci e Pasquino (1998), chamam a atenção para o caráter individualista da *Declaração*, que tinha como mote uma desconfiança em relação ao poder instituído e, em decorrência, reinvindicações que levavam em consideração os direitos e deveres individuais e não sociais. A forte influência do Iluminismo sobre esse caráter da *Declaração* expressa a visão do homem como centro de todo o universo, como a consciência e a razão capazes de alcançar os conhecimentos mais difíceis. Mas essa visão, que animava o espírito revolucionário do século XIX, vai ser, aos poucos, questionada e modificada. Os direitos e deveres passarão a ser pensados não mais como de âmbito individual, mas coletivo e social. Segundo Bobbio, Matteucci e Pasquino, com essas transformações, do Estado absenteísta, passamos ao Estado assistencial, garante ativo de novas liberdades. O individualismo, por sua vez, foi superado pelo reconhecimento dos direitos dos grupos sociais: particularmente significativo quando se trata de minorias (étnicas, linguísticas e religiosas), de marginalizados (doentes, encarcerados, velhos e mulheres). Tudo isto são consequências lógicas do princípio de igualdade, que foi o motor das transformações nos conteúdos da declaração, abrindo sempre novas dimensões aos Direitos Humanos e confirmando por isso a validade e atualidade do texto setecentista. (BOBBIO, MATTEUCCI, PASQUINO, 1998, p. 354)

O Estado, portanto, aparece na *Declaração* mais por sua ausência do que por sua presença. Os poderes Legislativo e Executivo deveriam ser entendidos como instâncias executoras dos desejos da nação que, como dissemos, era agora identificada com o povo. Não havia a ideia de um Estado cujos deveres fossem os de criar condições assistenciais para todas as camadas da população, mas, pelo contrário, um Estado cujo dever era obedecer aos direitos naturais dos homens. A *Declaração* pretendia, com isso, impedir as arbitrariedades de um poder contra o povo.

O direito natural irá transformar-se, ao longo dos séculos XIX e XX, até tornar-se no que hoje denominamos

"Direitos Humanos". E isso só será possível com a ampliação da ideia de cidadania, com a constante luta e questionamento de sua abrangência para além dos interesses individuais. Se, como vimos, na Grécia antiga o conceito de cidadão excluía uma série de grupos de indivíduos, o mesmo irá se dar no surgimento dos Estados democráticos da contemporaneidade. A própria *Declaração*, criada com a Revolução Francesa, não se mostrou interessada em estender de modo abrangente a cidadania para as colônias da África e da América sob o jugo da França. Assim, as populações negras escravizadas não foram incluídas entre os cidadãos; não coube a eles, pela *Declaração*, nenhum quinhão das novas liberdades alcançadas com a afirmação dos direitos naturais dos homens como algo inalienável. O mesmo ocorreu com relação às mulheres, que não foram consideradas pelas Assembleias responsáveis por definir o alcance e os limites da noção de cidadania, de liberdade e de igualdade. Essa violência, que exclui certas classes de pessoas do poder de fala e de decisão, não se resumiu a esse período apenas. Pelo contrário, prolongou-se por todo o século XIX, adentrou o século XX e permanece como questão fulcral ainda nos dias de hoje, em pleno século XXI.

Desse modo, se a Revolução Francesa é um marco para o princípio das lutas pelos ideais democráticos, houve uma série de outras lutas anteriores, concomitantes ou posteriores a ela que vieram a ampliar consideravelmente o processo de democratização no mundo ocidental. É a alguns desses movimentos que iremos nos dedicar logo mais, seguindo seus árduos processos de exigência pela ampliação da representatividade. Afinal, é isso que a teoria contratualista, bem como o Iluminismo e a *Declaração* nascida da Revolução Francesa colocaram como horizonte de possibilidades para os campos político e social.

Lutas pela representatividade racial
A Revolução Haitiana

No dia 14 de agosto de 1791, apenas dois anos depois do início da Revolução Francesa, uma das principais colônias sob o jugo francês, o Haiti, iniciou sua própria revolução. Conhecida como Revolução de São Domingos ou Revolução Haitiana, o levante ficou marcado como a primeira revolta realizada pela população negra escravizada e que foi bem-sucedida. O Caribe era conhecido como uma das regiões mais lucrativas, tendo se tornado um forte centro econômico e produtivo sob exploração da França. Liderada e posta em movimento pelos negros escravizados, a revolta eclodiu de maneira violenta, colocando cerca de cem mil homens em luta contra os donos de escravos, conhecidos por sua especial crueldade e sadismo nessa região. Já em 1792, a França decidiu em uma Assembleia Legislativa que fossem cedidos direitos aos negros livres do Haiti, acreditando fazer com que a revolta afrouxasse. Mas a revolução continuou até o ano de 1794, quando foi declarada a abolição da escravidão nas colônias francesas. Com um breve controle da ilha, conseguido por uma troca de comando francesa, os escravizados logo conseguiram reverter o quadro da revolução e, derrotando as tropas francesas, a ilha declarou sua independência no ano de 1804, passando a assumir o nome de Haiti. Único país da América Latina a conquistar a independência a partir de uma revolta dos escravos, essa revolta passou a inspirar todos os processos de libertação do jugo colonial que tiveram lugar na América e na África.

Como afirma James (2010), em sua obra *Os jacobinos negros*, Toussaint L'Óuverture, um ex-escravo, foi um dos grandes líderes da revolta. Responsável por negociar com as diversas lideranças negras, Toussaint lutou bravamente contra a escravidão e chegou a assumir um governo autocrático entre 1800 e 1802. Mas, como afirma James (2010), o líder conseguiu representar, em seu breve governo, o desejo das "massas", surgindo, para o autor, como o verdadeiro iluminista, em oposição aos teóricos franceses burgueses. Segundo James,

> Os negros estavam assumindo a sua parte na destruição do feudalismo europeu iniciado com a Revolução [Francesa]. E liberdade e igualdade, as palavras de ordem da Revolução, significavam bem mais para eles do que para qualquer francês. [...]. Toussaint pôde defender a liberdade dos negros sem reservas,

e isso deu à sua declaração uma força e uma determinação raras nos grandes documentos daquela época (JAMES, 2010, p. 185-186).

Nesse sentido, se podemos dizer que a Revolução Francesa criou o imaginário da liberdade e da igualdade para o homem europeu, foi a Revolução Haitiana a responsável por dar o pontapé inicial para os processos que culminariam na criação dos Estados independentes nas diversas colônias, bem como na abolição da escravatura. Tais processos, podemos dizer, são o ponto a que sempre devemos retornar para pensar a necessidade de discutirmos e pensarmos ainda hoje a questão da representatividade racial e dos direitos dos negros. Afinal, foi a partir dos longos anos de um regime escravocrata espalhado por toda a América e por toda a África que nossos Estados modernos, fora do território europeu, se constituíram e se estabeleceram. Como brasileiros, não podemos nos esquecer de que carregamos essa mácula até o tempo presente; os números de indivíduos negros assassinados pela polícia, que deveria proteger a todos os indivíduos de nosso país, são tão alarmantes que recolocam aquela questão que pode parecer já caduca: a questão da ampliação da categoria de cidadão. Afinal, quando o Estado mata sua população negra em nome de uma segurança que só existe para a população branca, prova que a representatividade em nosso país exclui milhares de pessoas de determinados grupos sociais.

Movimentos abolicionistas

A conquista da independência do Haiti, bem como a abolição da escravatura, na agora antiga colônia francesa, certamente virou notícia que percorreu a América Latina, assim como a Revolução americana, que culminou com a independência dos Estados Unidos. Certamente, as notícias da América chegavam mais rapidamente por aqui do que aquelas sobre a Revolução Francesa. Podemos dizer, portanto, que a Revolução do Haiti foi o estopim para os diversos movimentos abolicionistas que tomaram corpo na América Latina, ao longo do século XIX. Trataremos aqui, com mais detalhes, da forma como o movimento foi ganhando força no Brasil.

Há certo consenso em afirmar que o movimento abolicionista no Brasil aconteceu em duas frentes principais: a da elite e a popular. Isso mostra que foram diversos os grupos que atuaram em prol de seus interesses ligados à abolição da escravatura. Foram criadas associações que apregoavam a abolição e que podiam ser compostas pelos mais diversificados membros da sociedade: de republicanos a monarquistas, de capitães do mato a latifundiários. Mas nem sempre os interesses das classes envolvidas nesse processo pendiam para o mesmo lado. Os senhores de terra, por exemplo, não estavam interessados no valor humanitário da abolição. Não se tratava de um interesse de estender os direitos dos homens aos negros. Pelo contrário, preocupados com as constantes fugas e rebeliões e com medo da persistência de lutar por parte dos escravos, temiam perder completamente o controle de suas produções. As perdas de escravos, com as fugas e rebeliões ou mesmo com aqueles que conseguiam comprar sua alforria, eram vistas pelos latifundiários como perda monetária, como prejuízo financeiro. Desse modo, sua participação no movimento abolicionista demonstrava suas preocupações egoístas que ainda viam os escravos como propriedades e por isso se mobilizavam no sentido de fazer com que o processo de abolição lhes garantisse uma série de indenizações e ressarcimentos financeiros por parte do Estado. Para os proprietários de terra, portanto, a questão da representatividade dos negros ou da consideração destes como cidadãos não estava em jogo. Apenas seus próprios interesses econômicos ditavam sua participação no movimento.

Mas, outras figuras aparecem nesse processo, demonstrando sua real preocupação com os negros escravizados. Era o caso de Luiz Gama, ex-escravo que havia conseguido comprar sua alforria e se formar em advocacia. Sua atuação nos tribunais conseguiu o feito de libertar mais de quinhentos escravos. Houve outros ex-escravos alforriados que atuaram de diversas maneiras no impedimento da perpetuação da barbárie cometida contra os negros. Afinal, como afirma João José Reis, "se os azares da dominação social e exploração econômica podiam ser parcialmente aliviados pela carta de alforria e por certo sucesso material, as práticas de opressão étnica continuavam funcionando regularmente" (REIS, 1986, p. 27). Isso tinha como consequência direta a continuidade da luta, até mesmo por parte daqueles que já haviam obtido sua liberdade. É importante notar, porém, que o maior movimento e o real impulsionador do movimento abolicionista foi a própria resistência dos negros escravizados e de negros livres alforriados, com a promoção de rebeliões e fugas e com a resistência criada nos Quilombos, comunidades escondidas por todo o território brasileiro, para onde fugiam os escravos rebelados. O fato é que as diversas pressões, que o Império sofria, levaram-no à proclamação da Lei Áurea pela princesa Isabel, em maio de 1888. As ruas das cidades brasileiras foram tomadas por festas, comemorando a conquista. A assinatura da Lei pela princesa, porém, não significa nenhum ato de benevolência. O sistema escravocrata já estava em crise havia tempo. O comércio de escravos havia sido proibido em diversos países, impedindo o fluxo do comércio de novos escravos. A Inglaterra, em plena transformação de seu sistema econômico, propiciada pela Revolução Industrial, passou a pressionar o Brasil pela abolição. Assim o explica Reis, dizendo: "Como resultado da proibição e da perseguição inglesa ao comércio atlântico de africanos, os engenhos começaram a ser atingidos pela escassez de mão-de-obra" (REIS, 1986, p. 27). E essa composição de pressões vindas de todos os lados culminaria, de um modo ou de outro, com a abolição da escravidão.

A Lei Áurea, porém, não se preocupou em assegurar às populações negras libertadas nenhum tipo de garantia ou de possibilidade de subsistência. Impedidos de possuir terras e excluídos da cidadania, os negros libertos foram abandonados na miséria. Empurrados para viver em guetos afastados de onde vivia a população branca, os negros permaneceram excluídos da sociedade, sem nenhuma lei que protegesse suas novas relações de trabalho. A grande concentração da população negra nas favelas de hoje é, pois, herança de nosso regime escravocrata e demonstra o desinteresse do poder público em sanar nossa dívida histórica com essas populações.

Na luta pela memória da escravidão e pela ampliação dos direitos das populações negras, aparecem os quilombos, que resistiram até nossos dias. Sua luta e sua resistência foram de extrema importância para a abolição da escravatura. E a maneira pela qual foram rechaçados pelo próprio movimento abolicionista mostra como já havia a ideia de manter o controle sobre as populações negras. Segundo Moura, "quando inventariamos as lutas dos escravos brasileiros durante os quase quatrocentos anos de regime escravista, uma coisa deve ser ressaltada [...]: nunca houve um entrosamento mais profundo entre essas lutas e o movimento abolicionista" (MOURA, 1986, p. 79). Os grupos não queriam estar ligados à figura insubmissa das populações negras dos quilombos. Queriam, portanto, passar a imagem de uma população ordenada e obediente. Mas a resistência nos quilombos teve uma enorme importância, mesmo ficando à margem do processo abolicionista.

O quilombo dos Palmares, um dos mais conhecidos do Brasil, chegou a contar com cerca de vinte mil habitantes no século XVII. Participando de uma rede de comércio com os meios urbanos, proviam por sua subsistência e partilhavam de uma complexa rede de troca de informações. Muitos quilombos formados durante o período do sistema escravocrata brasileiro marcam ainda hoje pontos de resistência e de luta política em torno das questões raciais. Com a ruptura dos laços familiares e dos vínculos sociais, tornou-se de extrema importância a atuação das populações quilombolas (descendentes dos negros escravizados) na memória e na perpetuação da cultura de seus ancestrais. Os rituais religiosos, o artesanato, a gastronomia, a organização social e outros costumes teriam se perdido, se não fosse a resistência dos quilombos até os dias de hoje.

Nos últimos tempos, os quilombos foram objeto de reconhecimento oficial, que lhes rendeu certas garantias e uma maior representatividade nas políticas públicas. Em 2003, foi criada a Secretaria Especial de Políticas de Promoção da Igualdade Racial que passou a acompanhar e a rastrear as comunidades quilombolas ainda existentes no território nacional. Iniciou-se, então, um processo de demarcação das terras quilombolas com o intuito de protegê-las contra os grileiros e os grandes latifundiários. Mas, em 2015, a recém-criada secretaria foi extinta e as populações quilombolas começaram a ver, novamente, sua representatividade política diminuir. Menos protegidos pela lei e pelo interesse público, essas comunidades sofrem ataques brutais e violentos e a perda de vidas e da cultura, que preservam, é irrecuperável. Demonstra-se, desse modo, que os avanços na ampliação dos princípios democráticos nunca podem ser considerados como causas ganhas e irrevogáveis. A luta pelos direitos humanos, de maneira ampla e irrestrita, deve ser constante, mostrando que a democracia é, mais do que uma forma pronta, um processo constante de traçar a linha da igualdade e da liberdade, que nunca deve ser fixada dentro de limites estanques.

Direitos civis e a questão racial nos Estados Unidos

A questão racial, como herança das relações escravagistas que assolaram toda a América durante o período de colonizações patrocinadas pela Europa, chegou até nossos dias, como pudemos constatar no caso do Brasil. Nos Estados Unidos, país que viveu um processo de colonização diverso do nosso, o racismo se configurou como um segregacionismo violento e institucionalizado. Depois da proclamação da independência, com a formação do

Estado pós-independência, o Sul e o Norte do país se encontravam em situações bastante diversas. No Norte, a escravidão era menos difundida; no Sul, em contrapartida, a quantidade de negros escravizados trazidos ao país, e destinados ao trabalho nas *plantations*, era imensa. Libertada depois da abolição da escravatura, assim como no Brasil, essa população passou a incomodar as classes ricas e brancas, que se empenharam em implementar leis segregacionistas. Já em 1865 se formava a seita Ku Klux Klan, conhecida por perseguir negros libertos, cometendo atrocidades contra eles, matando, estuprando e torturando. Ao longo do século XX, diversas leis segregacionistas foram sendo criadas no país, como a proibição do casamento inter-racial e, pincipalmente, a criação de espaços separados para negros e brancos, coibindo a liberdade dos negros. Em trens, estações ferroviárias, escolas, hotéis, restaurantes, barbearias, teatros e no comércio em geral, os negros eram proibidos de entrar ou tinham espaços destinados exclusivamente a eles.

Esse processo pós-abolição da escravatura foi bastante diverso no Brasil. Como vimos, em nosso país, o Império não criou leis que garantissem os direitos dos negros, mas tampouco criou leis que os obrigassem a viver separados, como se oficialmente fossem outra classe de cidadãos. Isso não tira, é claro, a marca do racismo que se perpetuou no Brasil pós-abolição, decorrência natural por ter abandonado a população negra à própria sorte, deixando-a refém do preconceito racial. Mas nos Estados Unidos, toda forma de preconceito racial foi institucionalizada com a criação de diversas leis que classificava os negros como pertencentes a uma categoria que não cabia dentro dos parâmetros da verdadeira raça humana. Os filhos de pais negros tinham, muitas vezes, que caminhar por horas para chegar até uma escola exclusiva para negros quando havia escolas para brancos em seus bairros. Nos transportes coletivos eram proibidos de ocupar os lugares destinados aos brancos. Passavam por uma série de humilhações e não tinham a quem recorrer, pois a justiça estava do lado dos brancos. E esse período de segregacionismo não se limitou ao período de formação do Estado; ao contrário, chegou assustadoramente até o ano de 1964, quando o presidente Lyndon B. Johnson decretou o fim da segregação racial com a lei de Direitos Civis. Uma série de acontecimentos e de demonstrações de resistência da população negra vem pressionando os Estados Unidos até hoje. Os anseios por representatividade e por inclusão nos princípios democráticos não surgem naturalmente, como vemos, mas são sempre resultado de muita luta.

Acontecimento tido como estopim do movimento que culminaria na declaração dos Direitos Civis, em 1955, foi protagonizado por um ato de coragem de Rosa Parks, mulher negra que trabalhava como costureira. Os bancos da parte frontal dos ônibus eram destinados aos brancos, enquanto que os da parte de trás podiam ser ocupados pelos negros. Rosa Parks estava sentada num banco intermediário do ônibus, na volta do trabalho, quando a entrada de brancos no transporte fez com que o motorista a mandasse liberar o banco para eles. Ela se recusou a obedecer e foi detida pela polícia, mas sua atitude ficou marcada como a última faísca necessária para que a população negra explodisse num série de manifestações. Outro caso paradigmático desse período, ocorrido em 1954, veio de uma família negra inconformada por ver a filha ter de se deslocar por quilômetros para estudar em uma escola para negros. A família decidiu entrar na justiça e, como era de se esperar, o caso foi ignorado nos tribunais locais; a apelação chegou à Suprema Corte, que deu ganho de causa à família Brown, julgando inconstitucional a segregação racial nas escolas. As leis segregacionistas eram exclusivas dos estados do Sul do país que gozavam de certa autonomia legislativa em relação à federação. Mas esses estados não poderiam recusar o veredicto advindo da mais alta instância da justiça americana.

O caso de Rosa Parks deu início a um boicote que causou diversos prejuízos às empresas de ônibus. Os negros deixaram de utilizar os ônibus, em repúdio à segregação, e passaram a seguir a pé para seus trabalhos. É nesse momento que surge uma das figuras mais emblemáticas do movimento negro americano, o reverendo Martin Luther King, que se tornou o líder do boicote.

Após 381 dias de protesto, a população conseguiu mais uma vitória e a Suprema Corte declarou ilegal a segregação racial nos ônibus. O momento ficou marcado com o ato simbólico em que Martin Luther King e o reverendo branco Glen Smiley entraram juntos em um ônibus e sentaram nos bancos da primeira fila. Martin Luther King se tornou o homem negro mais jovem a receber o prêmio Nobel da Paz por sua participação na luta pelos direitos civis nos Estados Unidos. Mas acabaria sendo assassinado, em 1968, aos 39 anos, por causa de sua tenacidade na luta contra o preconceito racial.

A luta pelo direito de igualdade civil para negros e brancos teve também outra vertente, surgida no mesmo período, com o grupo que ficou conhecido como *Black Panthers* ou Panteras Negras. Muito atuantes, elaboraram informes que exaltavam a beleza da raça negra, criaram programas de auxílio aos negros, monitoravam as ações da polícia com o intuito de evitar os constantes abusos policiais. Apesar das figuras mais conhecidas na liderança do movimento serem homens, os Panteras Negras abriram espaço também para as mulheres negras que, na década de 1970, compunham a maior parte da liderança. Com o assassinato de Martin Luther King, que teve forte impacto no movimento, o grupo começou a não ver mais possibilidade de negociação pacífica com os brancos. Os Panteras Negras passaram então a promover ações diretas de combate contra o Estado. Para eles, a mera desobediência civil não seria mais capaz de mitigar todas as injustiças cometidas pelo Estado e pela população branca conivente. Outro estopim foi o assassinato covarde, pela polícia americana, de um garoto de 17 anos, Bobby Hutton, que fazia parte do movimento. Foram brutalmente perseguidos pelo Estado e chegaram a ser considerados, pelo FBI, como uma organização terrorista. Vários de seus líderes foram presos ou assassinados pela polícia e o movimento acabou tendo fim na década de 1980.

As bandeiras levantadas por sua luta, porém, continuam sendo de extrema necessidade, como mostram os diversos assassinatos cometidos pela polícia americana contra a população negra. Ficaram famosos os casos em que homens e garotos negros foram mortos por policiais que os sufocaram com os joelhos pressionando seus pescoços ou peitos. A segregação racial deixou de vigorar como lei do Estado, mas ela ainda é uma realidade social que pode ser constatada nos bairros negros e na violência do Estado contra essa população. Cabe, portanto, ressaltar que mudanças nas leis não garantem mudanças culturais no tocante ao preconceito racial. Com isso, a própria ideia de que a discriminação racial não seria mais institucionalizada não faz sentido, uma vez que a polícia mata mais negros que brancos, essa mesma polícia que representa um braço importante do Estado e que deveria se preocupar com a segurança de toda a população, indistintamente.

Apartheid na África do Sul

A África do Sul, antes da formação de seu Estado, colonizada pelo Reino Unido e pela Holanda, ficou sob o domínio inglês até 1910, quando lhe concedida alguma autonomia, mas a independência plena desse país do extremo sul da África só ocorreu em 1931. Desde os tempos coloniais, porém, vigoravam leis que mantinham institucionalmente a segregação racial. Em 1947, quando o Partido Nacional Sul-africano ganhou as eleições, essas leis foram ampliadas e tornadas mais rigorosas, dando origem ao sistema de segregação conhecido como *Apartheid*, ou seja, sistema legal que dava privilégios à população branca enquanto reduzia os direitos da população negra. Semelhante ao ocorrido nos Estados Unidos, foram proibidos casamentos inter-raciais, criaram-se escolas exclusivas para os negros e áreas específicas que poderiam ser ocupadas apenas por brancos nos ônibus, hospitais e restaurantes. O acesso às universidades era vetado aos negros. Foram demarcadas para eles áreas de assentamentos, destinados à moradia, em regiões precárias do país, usualmente sem acesso a saneamento básico ou a qualquer outra infraestrutura. As populações negras foram obrigadas a portar uma identificação que mostrava a que grupo étnico pertenciam, de modo a facilitar um maior controle delas por parte do Estado, visto que os mestiços podiam confundir as autoridades com relação ao grupo a que pertenciam.

Apesar das semelhanças entre a segregação racial

ocorrida nos Estados Unidos e o *Apartheid* da África do Sul, é importante notar uma característica peculiar ao caso da África. Enquanto nos Estado Unidos os negros representavam a menor parte da população, na África do Sul representavam mais de 80%. Nesse sentido, é importante sublinhar alguns erros que são perpetuados ainda hoje quando nos referimos às populações negras como parte de grupos chamados de minoria. Isso ocorre, muitas vezes, no próprio Brasil, onde a população autodenominada negra ou parda é maior do que a branca. Essas aparentes confusões acabam também por servir como forma de subestimar a importância da luta dessas populações, na medida em que, ao apontá-las erroneamente como parte menor do todo, chamariam a atenção para a falsa necessidade de se olhar especialmente para a maioria branca. Assim, nos Estados Unidos da época de Martin Luther King e dos Panteras Negras, fazia sentido falar nas minorias abandonadas pelo Estado, mas não faz sentido hoje, nem fazia antes, referir-se às populações negras do Brasil ou da África do Sul como minorias.

Esse grupo populacional que representava, portanto, a maior parte da população na África do Sul começou a se estruturar em movimentos de resistência contra o *Apartheid* desde 1949. Qualquer forma de oposição ao poder branco instituído era violentamente reprimida pela polícia local, responsável por assassinar 69 manifestantes em um protesto ocorrido em Shapeville, em 1960. Nesse momento, surge a figura mais importante dos movimentos de resistência à segregação social na África do Sul: Nelson Mandela, cuja vida foi marcada pelas diversas prisões até a condenação à prisão perpétua, sentenciada em 1964. Mas sua imagem continuou como força motriz dos protestos e greves organizadas pelos trabalhadores de diversas áreas. A economia do país foi diretamente atingida pelo constante estado de guerra civil em que mergulhou a África do Sul, agravada pelas reiteradas decisões de manter a segregação. Visto que os negros constituíam a maior parte da população e como eram impedidos de ingressar nas universidades, logo se fez sentir a falta de mão de obra especializada. Em 1962, a ONU impôs uma série de sanções comerciais ao país em represália às barbáries cometidas pelo Estado, o que também acabou por atingir duramente a economia do país.

A situação só começou a melhorar no ano de 1989, quando o presidente F. W. Klerk tomou uma série de medidas para reverter as leis do *Apartheid*, libertando os presos políticos, vítimas da segregação. Sob forte pressão nacional e internacional, o país promulgou o perdão de Mandela e alterou a lei que proibia o direito de voto aos negros. Em 1994, Mandela foi eleito presidente da África do Sul.

Dos direitos das mulheres
A Revolução Francesa e os direitos da mulher

O questionamento sobre os direitos civis e sobre o real sentido do princípio de igualdade surge não apenas na questão racial, mas também na questão de gênero. As mulheres, desde a *pólis* grega, foram excluídas dos debates políticos e dos processos decisórios. Muitas vezes retratadas quase como crianças, raramente na história lhes foi permitida uma vida sem a tutela, seja do marido, seja da família ou do Estado. Os princípios democráticos que preconizam a igualdade e a liberdade continuaram sem abranger a totalidade das existências, a variedade dos grupos sociais que formam as sociedades modernas e contemporâneas.

Já na França do século XIX, a questão dos direitos das mulheres foi levantada pela ativista e dramaturga Olympe de Gouges. Maxime Rovere afirma que "suas peças, verdadeiros panfletos políticos, denunciaram a venda e a exploração dos escravos [...] e o confinamento das mulheres" (ROVERE, 2019, p. 247). Com uma participação ativa na Revolução Francesa, ao lado de outras tantas mulheres desprezadas pela história, Olympe de Gouges "deixou uma quantidade impressionante de panfletos, cartas, cartazes", cujas propostas

> queriam melhorar as condições de vida das mulheres (instauração de um casamento civil, igualdade entre os cônjuges, autorização para o divórcio e o livre reconhecimento das crianças nascidas fora do casamento, criação de maternidades etc.), também dos escravos, dos desamparados (casas para mendigos, oficinas nacionais), das crianças (escola gratuita) etc. (GOUGES, 2019, p. 248-249).

Olympe de Gauges parecia, portanto, abordar todas as questões importantes relativas aos princípios democráticos ignorados até então, inclusive pelos próprios revolucionários franceses que, como dissemos, não se preocuparam em estender as ideias de liberdade e igualdade para os negros escravizados nas colônias francesas. O mesmo ocorreu com relação às mulheres, cuja menção nem sequer aparece na Declaração dos direitos do homem e do cidadão.

Em resposta à *Declaração* escrita e debatida por homens e posteriormente votada e aprovada por uma Assembleia também composta por homens, a autora escreveu a *Declaração dos direitos da mulher e da cidadã* e a enviou, junto com uma carta à rainha, para ser apreciada e votada na Assembleia. Com um mote irônico, Olympe de Gouges escreveu sua *Declaração*, composta de 17 artigos, à semelhança da *Declaração* oficial da Revolução Francesa. Mas introduziu, nos artigos, as palavras mulher, mãe, filha, entre outras, chamando a atenção para os diversos papéis sociais desempenhados pelas mulheres na sociedade francesa. O texto foi rechaçado pela Assembleia. O sonho de devolver às mulheres a liberdade e de lhes garantir os mesmos direitos civis destinados aos homens acabou cedo. Como afirma Rovere, "em 1793, os clubes das mulheres foram fechados. Em 1795, a atividade política foi proibida para as mulheres. Em 1804, o Código Napoleônico estabeleceu para as mulheres uma condição jurídica inferior – menores de idade, sob a autoridade do pai e do marido" (ROVERE, 2019, p. 250).

Mas a bravura de Olympe de Gouges ficou marcada na história como parte daquilo que a pesquisadora Rovere chama de arqueofeminismo, compreendido como um conjunto de lutas e ideias em defesa dos direitos das mulheres, que surgiu antes do movimento que se autoproclamou *feminista*, no final do século XIX. E se as histórias das mulheres, que pensaram e lutaram pela ampliação e abrangência dos princípios democráticos, não nos são conhecidas, é porque o apagamento e o silenciamento epistêmicos e históricos são também uma forma de violência, são também uma maneira de afirmar a dominação dos homens brancos sobre as outras classes de indivíduos. Esperamos, desse modo, ao trazer os debates em torno da questão racial, bem como da luta feminista, ampliar nossa visão de construção da história do Ocidente.

O Feminismo e os Movimentos Sufragistas

Diversas pensadoras feministas afirmam que o feminismo, no mundo ocidental, se desenvolveu em três "ondas" principais.

> A primeira, entre 1880 e 1960, é a da reivindicação dos direitos (voto, trabalho, educação); a segunda, entre 1960 e 1980, desloca-se para o plano cultural e social (os papeis e o lugar da mulher no casal e na sociedade); a terceira, entre 1980 e 2010, implica

> questões políticas e sociais (ligando a dominação das mulheres a outras formas de segregação, racial e sexual). Poderíamos acrescentar que o ano de 2017 tornou evidente a existência de uma quarta onda do feminismo, definida por uma nova exigência em relação aos costumes (comportamento, discursos, imagem das mulheres). (ROVERE, 2019, p. 9).

Os movimentos chamados sufragistas são, assim, o ponto de partida da primeira onda de que fala a autora, interessados em defender o direito ao voto para as mulheres, e que davam a entender que não há como lutar pelos direitos das mulheres sem uma participação direta e ativa na política e na tomada de decisões sobre a sociedade. O termo *feminismo* surge na França no contexto de uma sociedade burguesa industrial, que se formava na época e cujo poder político era marcado por uma política sexista, dominada pelos homens. O início da era democrática foi, dessa maneira, marcado pelas lutas feministas que buscavam afirmar a igualdade de gênero.

Consideradas incapazes de atuar na política, as mulheres eram tratadas como crianças sob a tutela dos homens. E isso não apenas em âmbito familiar ou cultural, mas o próprio Estado as via dessa forma, ao manter leis como aquela aprovada na França, que colocava a mulher sob a tutela do marido ou do pai. O próprio fato de que não podiam participar da escolha dos governantes de seu país as deixava nessa posição de tutela e de incapacidade cognitiva. Os diversos países da Europa, já no final do século XIX, eram democracias que se organizavam como repúblicas ou como sistemas parlamentaristas, o que significava que os governantes, as câmaras, as assembleias e os parlamentos eram ocupados por cidadãos eleitos pelo voto popular. Mas este não era um direito amplo e irrestrito, pois ficavam de fora do direito ao voto as mulheres e os analfabetos, o que, de maneira indireta, marginalizava as populações mais desfavorecidas e pobres.

Mas o direito ao voto não era a única exigência do movimento feminista dessa época. As mulheres reivindicavam também o direito ao estudo para todas as classes (visto que só tinham acesso à educação as filhas de famílias burguesas), o direito ao divórcio e o direito a ocupar cargos de trabalho de acordo com a formação (cargos mais qualificados eram ocupados apenas por homens, restando às mulheres os cargos inferiores na indústria e na manufatura). Com isso, as mulheres buscavam sua independência financeira e também a libertação do jugo do marido ou da família. A luta sufragista apareceu como o ápice desse movimento de reivindicações feministas, que acabou por se espalhar por quase todo o mundo. A Nova Zelândia foi o primeiro país a reconhecer o direito das mulheres na participação política, aprovando o sufrágio feminino em 1893; foi seguida pela Inglaterra, que o aprovou muitos anos depois, em 1918, após longas e intensas lutas. Neste país, o movimento se iniciou com pequenos grupos de mulheres da classe burguesa, mas tomou corpo, depois de 1903, quando as mulheres das classes mais baixas passaram a aderir ao movimento, que cresceu e passou a organizar greves e manifestações, bem como campanhas publicitárias. As feministas foram perseguidas pelo Estado, que chegou a prender várias de suas ativistas. Mas com as grandes baixas entre os homens, causadas pela primeira guerra mundial, a Inglaterra se viu obrigada a recorrer às mulheres para se reerguer, o que levou o parlamento a aprovar não só o direito ao voto, mas também a participação das mulheres em cargos políticos.

Com as vitórias conquistadas, o movimento sufragista foi crescendo em outros lugares do mundo, como no Brasil, onde o sufrágio universal foi aprovado em 1932. Na Rússia, a vitória veio em 1917, nos Estados Unidos, em 1919, e entre os anos de 1930 e 1940, a maioria dos países democráticos ocidentais aprovou o direito ao sufrágio feminino. Na África do Sul, a aprovação veio em 1993 e, na Arábia Saudita, apenas em 2011. É interessante notar que a França, precursora dos debates em torno dos princípios democráticos e marco da Revolução que rompeu com o antigo regime, foi a última potência europeia a reconhecer o direito do sufrágio às mulheres, fato que ocorreu somente em 1945, mostrando, mais uma vez, que os conceitos de liberdade, igualdade e fraternidade, postulados pela Revolução Francesa, não eram destinados a todas as classes da sociedade, mas apenas aos homens brancos.

O corpo da mulher como campo de batalha

Quando se fala em direitos da mulher ou em feminismo hoje, surgem diversas opiniões sobre o assunto. Alguns se põem do lado da luta pelos direitos das mulheres, outros se colocam contra, afirmando que o feminismo criaria uma guerra entre os sexos. Diante de todo o debate em torno dos princípios democráticos sempre recolocados em pauta pela história, faz-se necessário ir um pouco além nessas discussões. É necessário compreender o histórico dessa luta, reconstruindo a luta das mulheres durante a Revolução Francesa, passando pelos movimentos sufragistas que eclodiram por todo o mundo. Só assim podemos compreender como aquilo que hoje pode nos parecer como algo "natural" ou "normal" é, na verdade, resultado de uma construção histórica, efeito de uma série de movimentos e de processos históricos responsáveis por moldar nosso imaginário.

Hoje, pode parecer bastante comum falar nos métodos contraceptivos utilizados pelas mulheres. Os famosos anticoncepcionais são indicados por médicos e até obtidos gratuitamente nas redes públicas de saúde. Mas nem sempre foi assim. A primeira pílula anticoncepcional surgiu no mercado na década de 1960, como resultado do trabalho do ativismo feminista americano. Nos Estados Unidos, desde 1873, era proibido o acesso a qualquer forma de contracepção e até mesmo a qualquer acesso à informação. A educadora sexual Margaret Sanger foi a precursora do movimento que passou a se preocupar em dar à mulher a autonomia sobre seu próprio corpo, abrindo, em 1916, uma clínica de controle de natalidade e, mais tarde, juntando-se às sufragistas no financiamento das pesquisas que culminariam com a criação da primeira pílula. Esse acontecimento foi responsável por operar uma revolução sexual, com especial efeito sobre a vida das mulheres. Até então, o sexo como algo apartado da reprodução só era uma realidade para os homens. Com a invenção da pílula, ao lado dos movimentos de emancipação da mulher, ocorreu uma radical mudança cultural com relação ao sexo feminino.

Mas nada foi tão simples e benéfico no surgimento desse método contraceptivo. A indústria farmacêutica lançou o produto no mercado antes que se tivesse certeza da segurança no uso da medicação. Anos depois do lançamento, as indústrias americanas foram processadas e comprovou-se que sabiam dos riscos envolvidos no uso. Desse modo, o surgimento da pílula marca, por um lado, um avanço na cultura sexual feminina, por outro, o completo descaso em relação à vida das mulheres. Nos dias atuais, teve início uma série de debates em torno do uso da pílula e dos efeitos colaterais que ela provoca, além de um debate social que rediscuta a ideia de que a responsabilidade pelo uso de contraceptivos é exclusiva da mulher. As questões sobre a criação de um anticoncepcional masculino são sempre trazidas à tona, mas parece que isso não interessa à indústria farmacêutica.

O mesmo ocorre com relação ao acesso ao aborto legal, ainda proibido em diversos países do Ocidente, inclusive no Brasil. Com o argumento de que se deve proteger a vida, os defensores da proibição parecem ignorar os dados alarmantes que mostram a quantidade imensa de mulheres que morrem ao realizar abortos ilegais ou caseiros. Dessa forma, a proteção da vida, mais uma vez, não parece se destinar à mulher. O Brasil hoje, segundo pesquisa realizada pelo IBGE, possui cerca de 5,5 milhões de brasileiros, em cujo registro não consta o nome dos pais. E há, ainda, 11,6 milhões de famílias formadas por mães que criam seus filhos, sozinhas. Desse modo, vale questionar se o Estado está, de fato, preocupado com a vida ou interessado em manter o controle sobre os corpos das mulheres, ao mesmo tempo em que mantém o privilégio de escolha dos homens. Nos diversos países onde o aborto é liberado, as leis que regem a legalização se apoiam na ciência, ao afirmar que não há vida em um feto ainda em formação. E, por esse motivo, o aborto não se configuraria como um crime. Já no Brasil, o aborto é legalizado apenas em casos de risco de vida para a gestante, gravidez resultante de estupro ou quando o feto apresenta anencefalia. Não podemos aqui deixar de trazer a influência que a religião tem sobre a definição de tal lei, apoiada tanto pela Igreja católica quanto pelas Igrejas neopentecostais (evangélicas). Invocando o argumento de que já haveria uma alma no feto, a religião influencia as decisões tomadas pelo Estado, decisões que deveriam se basear exclusivamente na ciência.

O corpo da mulher parece, portanto, um campo de batalha sobre o qual o Estado, a Igreja e a família exercem seu domínio. Mas essa batalha travada nos corpos das mulheres já se desenrola há alguns séculos. É o que mostra a filósofa italiana Silvia Federici (2017), no livro *Calibã e a bruxa: mulheres, corpo e acumulação primitiva*, no qual mostra as mudanças de estatuto da mulher na passagem do feudalismo ao capitalismo. Rebatendo as ideias de que a emancipação da mulher se daria pela autonomia financeira com a entrada no mundo do trabalho, a filósofa volta aos modos de vida feudais, para mostrar como existia ali um tipo de autonomia sobre o corpo e de solidariedade entre as mulheres, que foi destruído pelo capitalismo. Mas seu intuito não é defender um retorno ou nostalgia em relação a tempos passados. Quer mostrar que aquilo que nos parece hoje natural com relação ao domínio sobre a mulher é, na verdade, resultado de séculos de violências e de dominação exercidas contra a mulher.

Federici (2017) mostra como na Idade Média, as mulheres tinham acesso a métodos contraceptivos e abortivos que eram de conhecimento de todos. O uso de ervas afigurava-se como um conhecimento ancestral passado de geração em geração. O mesmo se dava com o trabalho das parteiras, únicas a dominar os conhecimentos em torno da concepção e únicas a atuar nos partos. Tudo isso muda com o capitalismo que, aliás, vale lembrar, coincide com o início de todas as lutas democráticas aqui apresentadas. Esse dado acaba por complicar nosso pensamento sobre a democracia, uma vez que as experiências democráticas, que tivemos e temos ainda hoje, não podem deixar de ser pensadas em diálogo com o novo sistema econômico iniciado pelo capitalismo. Com tais mudanças, diz Federici (2017), a mulher começa a ser vista a partir do trabalho reprodutivo. O corpo da mulher passa a ser visto como uma máquina de trabalho, cujo fim é a reprodução. Seguem-se, desse modo, ao longo da história do capitalismo, momentos em que se proíbe o aborto ou se faz vista grossa quanto a ele, com o interesse de exercer um maior controle da natalidade. Após guerras ou pandemias, o Estado vê a necessidade de um aumento da mão de obra e direciona seus esforços de controle para a única "máquina" capaz de produzi-la: o corpo da mulher. É nesse contexto que os métodos contraceptivos e o aborto são proibidos. Até mesmo o trabalho das parteiras fica limitado quando o Estado passa a responsabilidade dos partos aos médicos. Os homens, dessa forma, começam a assumir funções que, antes do advento do capitalismo, eram exclusivas das mulheres e estavam sob o total domínio delas. E as mulheres passam a ser perseguidas, torturadas, presas e assassinadas por uma política do Estado e da Igreja. A caça às bruxas toma corpo e se espalha para além do continente europeu, chegando até mesmo às colônias na América.

O pensamento sobre as relações entre o desenvolvimento do capitalismo e o trabalho reprodutivo, como afirma Federici (2017), é essencial para pensarmos como vivemos hoje. Afinal, quando discutimos a democracia e as mudanças sociais não podemos nos esquecer do modo como se formaram os Estados modernos. A autora afirma que pensar tais relações nos ajuda a entender porque,

> no começo do século XXI, depois de mais de quinhentos anos de exploração capitalista, a globalização é movida pelo estado de guerra ainda generalizado e pela destruição de nossos sistemas reprodutivos e de nossa riqueza comum, e por que, novamente, são as mulheres que pagam o preço mais alto. Observem o aumento da violência de gênero, especialmente intensificada em regiões como África e América Latina, onde a solidariedade comunal está desmoronando sob o peso do empobrecimento e das múltiplas formas de despossessão. (FEDERICI, 2017, p. 14)

Nesse sentido, o pensamento da autora parece nos sugerir que, se há um modo de combater a destruição perpetrada pelo capitalismo, ele passa pela construção de redes de solidariedade, pela criação de um sentido comunitário. As lutas pelos princípios democráticos, portanto, não podem ser pensadas sem que se leve em consideração o questionamento dos modos de vida que nos são impostos pelo sistema econômico mundial. Exigir uma ampliação dos direitos humanos em prol das classes desfavorecidas, sem propor uma revisão de nossa organização econômica, política e social, é inócuo.

Existem, ainda, diversos outros movimentos democráticos que sacudiram o mundo moderno e contemporâneo. É o caso de todos os processos de independência e de democratização dos países da América, Ásia e África, com suas respectivas revoluções e conquistas. Não podemos deixar de citar a importância da Revolução Americana que, inclusive, precedeu e inspirou a Revolução Francesa e a Revolução do Haiti; as diversas criações das constituições responsáveis por dar forma aos Estados modernos por toda a América; vale lembrar, em tempos mais recentes, os processos de redemocratização dos países da América Latina, em luta contra as ditaduras militares, que assolaram os diversos países do continente. As torturas e assassinatos cometidos pelo Estado contra suas próprias populações não podem ser esquecidas, bem como os milhares de homens e mulheres que lutaram bravamente contra o poder arbitrário de seus governos, possibilitando o retorno dos processos de democratização. No Brasil, em específico, convém relembrar o movimento "Diretas Já!", que exigia o retorno do direito ao voto, perdido ao longo dos tenebrosos anos de ditadura militar no país. É interessante chamar a atenção ainda para o movimento LGBTQI+, em suas diversas formas e expressões que tomaram o mundo contemporâneo, sempre com o intuito de ampliar a representatividade.

Mas é claro que não poderíamos analisar mais a fundo cada um desses processos de democratização. Nem era esse nosso intuito. Antes, nosso objetivo era reconstruir aqui o sentido desses movimentos e sua importância para os tempos que vivemos. Analisamos, pois, alguns desses movimentos, não com a pretensão de esgotá-los, mas apenas para levar a perceber a linha comum que os move: a democracia, compreendida não como um regime político, mas como uma forma de organização política. Democracia: uma forma de ordenar nossos modos de vida em sociedade, cujo maior princípio é a igualdade de todos, independentemente de raça, gênero, orientação sexual ou papel social. Resta-nos, agora, pensar a democracia nos dias de hoje.

4 DEMOCRACIA HOJE

Democracia e liberalismo

Cada vez mais os pensamentos liberal e neoliberal vêm pautando o debate político. Com o poder crescente dos grandes especuladores da economia, o Estado parece tornar-se uma instância menor, executora dos desejos do liberalismo econômico. Como afirma Bobbio (1998), "a história do liberalismo acha-se intimamente ligada à história da democracia; é, pois, difícil chegar a um consenso acerca do que existe de liberal e do que existe de democrático nas atuais democracias liberais" (BOBBIO, 1998, p. 686). Fato é que podemos apontar no liberalismo, e não na democracia, a origem da desigualdade social que assola a contemporaneidade. Segundo pesquisa da Oxfam, de 2020, os donos das maiores fortunas do mundo, bilionários que representam 1% da população mundial, são detentores de mais de duas vezes a renda do restante da população. No Brasil, país que ocupa o segundo lugar no mundo em desigualdade social, 1% dos mais ricos embolsam 28,3% de todo o PIB brasileiro. Essa concentração de renda nas mãos de uma minoria é não apenas efeito da desigualdade social, mas também causadora dela. Afinal, quando uma quantia imensa da renda de um país está nas mãos dos mais ricos, isso significa uma menor capacidade de investimentos em políticas públicas pelo Estado.

No Brasil, essa distância entre as classes mais ricas e as mais pobres é piorada ainda por algumas políticas questionáveis: as grandes fortunas não são taxadas e a distribuição do pagamento de impostos não considera uma divisão proporcional entre aqueles com maior ou menor renda. É o caso de nossos impostos sobre o consumo, o ICMS, que taxa, de maneira igualitária, os produtos vendidos em qualquer parte do país. Isso mostra a desigualdade que se perpetua na medida em que, em uma mesma cidade, um morador da periferia, sem acesso a saneamento básico, sistema de saúde e educação pública paga o mesmo imposto que o morador de um bairro rico com acesso a toda infraestrutura estatal. Resultado de uma política liberal, essa desigualdade vem crescendo nos últimos anos em todo o mundo, como mostra a mesma pesquisa Oxfam citada anteriormente. Uma série de decisões políticas de nossas democracias surge como efeito de uma política global do liberalismo que, como afirma Sergio Paulo Rouanet, globalizou a

> dimensão política, relativizando as soberanias nacionais e impondo a aplicação em todos os países do mesmo modelo de ação estatal, baseado na abertura dos mercados, na privatização e na desregulamentação. (ROUANET, 2002, p. 241)

Assim, as democracias ao redor do mundo se tornaram democracias liberais, reduzindo as funções do Estado a meras mediadoras do capital. Isso coloca em perigo as ideias de soberania do povo, a igualdade e a liberdade. A função da máquina estatal, que deveria ser a de representar o desejo e bem maior para todos, passa a ser a de representar os interesses de uma minoria bilionária. Se passamos, da Grécia antiga aos tempos modernos, de uma democracia participativa a uma democracia representativa, perdendo já o poder decisório sobre nossos modos de vida, agora, demos mais um passo em direção, dessa vez, da quase anulação de nossa participação política. Ainda segundo Rouanet, "a autonomia política se torna relativa quando se leva em conta que as decisões políticas que mais diretamente afetam nossas vidas foram tomadas fora de nossas fronteiras" (ROUANET, 2002, p. 241. Alheios ao poder de decisão sobre a organização política de nossas democracias, vemos todo o ideal iluminista da soberania do povo ser deslegitimado. Mas isso não ocorre de maneira tão clara e direta. Acreditamos ainda ter alguma participação por sermos ainda responsáveis pela escolha de nossos governantes. Mas quando o próprio poder de decisão de um governante está nas mãos do capital e do ideal liberal, nossas escolhas parecem não ter tanto efeito direto nas políticas públicas. Os processos eleitorais, dessa forma, acabam por se reduzir a uma encenação de nossa participação política. Rouanet afirma que, com esse processo de globalização das decisões políticas nas mãos do capital especulativo, deixa de valer

> o grande postulado rousseauísta [relativo ao pensador iluminista Rousseau] de que o povo que manda, como soberano, é o mesmo que obedece, como súdito, pois quem sofre os efeitos dessas medidas não participou do processo político que levou à sua adoção. (ROUANET, 2002, p. 241).

Mas, se nos parece que a democracia está desaparecendo e que não existe mais espaço para a luta, estamos enganados. Ao contrário, a democracia só passou a existir para além da teoria, a partir das diversas lutas que sempre repropuseram seu próprio sentido. Como já afirmamos, a democracia não é um regime político. É, antes, uma forma de organização política. E nesse sentido, sua significação está sempre sendo posta em jogo, sempre se refazendo na prática. É isso que pensa também Chauí (2018), que afirma que os princípios políticos da democracia – a ideia de comunidade, a igualdade, a liberdade, o poder popular, a eletividade e rotatividade dos governos e o conflito – não agradam ao liberalismo. "Avesso a essas determinações, o liberalismo é uma política antidemocrática, e a democracia liberal é o resultado da ação da luta de classes ou das lutas populares pela participação política" (CHAUI, 2018, p. 103). Desse modo, continua a autora, a democracia liberal não é a única forma de democracia que existe. E se essas duas palavras vieram a se juntar, é consequência das diversas lutas populares que exigem a participação política. Trata-se de uma luta constante.

Uma confusão: a democracia sob suspeita

Vemos surgir, nos dias de hoje, uma série de questionamentos em relação ao sentido da democracia. Seriam, nossos estados, verdadeiras democracias? Mas o que seria uma verdadeira democracia, dada a multiplicidade de seus sentidos e de suas experiências históricas? Ainda, como definir a "melhor" democracia diante de necessidades tão múltiplas impostas pela diversidade social, geográfica e histórica. Rancière (2014) afirma que muitas das respostas vindas de diversos pensadores apontam para a ideia de que teria se instalado, no seio de nossa organização política, uma divisão: haveria, por um lado, uma democracia formal e, por outro, uma democracia real. É sobre isso que o autor se dedica a pensar no livro *Nas margens do político*, no qual fala de um modo de exercer "a democracia na modalidade da suspeita, como se fosse sempre necessário fazê-la confessar que não é o que aparenta ser, que aqueles que a praticam estão perpetuamente iludidos acerca do que fazem" (RANCIÈRE, 2014, p. 52). Para o autor, essas denúncias contra a mentira da democracia, mesmo quando surgem nas palavras de seus defensores, em nada contribuem. Se Chauí afirma que a democracia é algo além de um regime político e que, de certa forma, é uma prática, Rancière parece ir além e afirma que a democracia é como uma forma de pensamento. É a partir dessa ideia que o autor insiste que não faz sentido dizer que a democracia é um engano, que a desconhecemos ou que não sabemos estar sendo enganados por uma democracia real, que estaria muito distante da democracia formal. Isso seria, afinal, pressupor que existe uma forma correta e verdadeira de democracia contra as diversas realidades democráticas que estariam "equivocadas".

Rancière propõe que pensemos a democracia do mesmo modo que pensamos a política, avançando para muito além do simples jogo entre os políticos eleitos, para além das simples formas de governo. A política, para o autor, diz respeito a nossos modos de vida, a tudo aquilo que determina nossos modos de pensar e perceber o mundo ao nosso redor. E se a política é aquilo que atua em nossa percepção, nada mais interessante do que pensar que existe um modo de pensamento que é democrático. E que esse modo de pensamento lutaria contra outro, que Rancière denomina de *policial*. A razão policial é aquela que não possibilita o pensamento da igualdade, que torna impossível a mobilidade social dos indivíduos. O autor entende, portanto, o espaço político como aquele que ordena nossos modos de vida, ora a partir de uma razão policial, ora a partir de uma razão democrática. Próximo do que pensa Chauí, Rancière propõe o pensamento de uma comunidade conflituosa ou polêmica, na qual os diversos atores podem ser escutados. O conflito é, afinal, parte essencial do pensamento democrático. Tentar calar o conflito é um gesto de violência que irá, sempre, calar uma voz.

O pensamento democrático pressupõe que todos fazem parte de um espaço comum de diálogo e de ideias, o que tem, como consequência, um deslocamento em relação às ideias de conscientização das massas, discutidas pelos diversos teóricos ativistas, defensores da democracia. Afinal, pressupor que existe uma classe de pessoas incapaz de compreender os mecanismos de dominação é separar o mundo em dois, é afirmar que uma classe de pessoas deve dirigir a outra, incapaz de ver e entender o mundo por si só. Ora, se o pensamento democrático tem como princípio justamente a igualdade, como podemos considerar a ideia de conscientização como sendo um pensamento democrático? Isso não seria justamente criar outra forma de dominação política, justificada no interesse de sair de outra forma de dominação? Para Rancière, o pensamento democrático não comporta nenhum tipo de dominação, justamente por se opor à dominação do pensamento policial. A democracia pensada por Rancière implica em deslocarmos todo o debate político contemporâneo que insiste em afirmar que existe uma crise da democracia.

Para fazer esse deslocamento é preciso compreender aquilo que Rancière afirma:

> Todo Estado é oligárquico. [...] Mas a oligarquia dá à democracia mais ou menos espaço, é mais ou

> menos invalidada por sua atividade. Nesse sentido, as formas constitucionais e as práticas dos governos oligárquicos podem ser denominadas mais ou menos democráticas. (RANCIÈRE, 2014, p. 91-92)

Assim, quando colocamos a democracia sob suspeita, afirmando sua crise, estamos confundindo a democracia, como razão política, com formas de governo que são oligárquicas. A democracia não é o Estado, ela é, antes, atividade de luta e de pensamento que está sempre a "atrapalhar" o governo oligárquico. Nossos estados atuais são resultado de, como afirma Rancière, uma "apropriação da coisa pública por uma sólida aliança entre a oligarquia estatal e a econômica" (RANCIÈRE, 2014, p. 93). Ideia que parece ressoar a ligação entre os termos "democracia" e "liberal", apontados por Chauí como contingência histórica. Se há uma democracia a que chamamos de liberal hoje, ela não é a única possível. Do mesmo modo, se chamamos nossos Estados oligárquicos de democracias, é por um encontro entre forças completamente divergentes e conflitantes. Oligarquia e democracia só podem caminhar juntas como uma forma de perpétuo conflito. E é justamente essa a luta de todos aqueles que defendem a democracia.

Com isso, compreendemos porque o autor condena aqueles que apontam a crise da democracia. Afinal, tal pensamento retira o poder de luta da razão democrática, atribuindo-lhe problemas, limites e defeitos, que não lhe pertencem de maneira alguma. Melhor, pertencem aos

Estados oligárquicos. As práticas do poder do Estado impõem uma série de problemas e limites. A democracia, por sua vez, diz respeito à coletividade dos cidadãos. E é ela que vem intervir nessa aliança entre a oligarquia estatal e a econômica, para transformar nossos modos de vida. Se a luta política deve escolher um inimigo contra o qual lutar, este não será, definitivamente, a democracia. Será o Estado oligárquico, na medida em que passa a impedir ou limitar a prática democrática.

Se falamos aqui, seguindo o pensamento de Rancière, em uma democracia compreendida como forma de pensamento ou como uma razão política, não se trata de reduzir a política a um campo abstrato de pensamento. Aquilo que pensamos e o modo como pensamos organiza e ordena nossos modos de vida, nossa percepção das coisas e pessoas em nosso derredor. Uma forma de pensar é, dessa forma e ao mesmo tempo, um modo de ordenar a vida em sociedade. Toda comunidade possui uma forma de pensamento que a ordena, e essa forma pode ser a policial ou a democrática. Desse modo, faremos uma análise de caso da formação de uma comunidade específica com o intuito de perceber o modo como se organiza, sem se importar com as regras estatais, ao mesmo tempo em que as questiona e as faz se mover. Grupos e comunidades instauram um modo de vida comunitário que podemos chamar de democrático. E com suas ações, incomodam e questionam a oligarquia estatal.

A experiência democrática da Ocupação 9 de Julho

O antigo prédio que acolhia a sede do INSS em São Paulo ficou vazio e abandonado por cerca de vinte anos. Há, nas grandes cidades do Brasil, diversos prédios na mesma situação. Simplesmente abandonados ou aguardando movimentos que beneficiem a especulação imobiliária, aumentando os preços de determinada região, esses prédios deixam de servir àquilo que deveriam. Isso os coloca na mira dos diversos movimentos de luta pelo direito à moradia. Os enormes prédios vazios, que antes abrigavam bancos, hotéis ou grandes centros econômicos, fazem parte do grande rol de propriedades das camadas milionárias da sociedade. Desse modo, aqueles que representam a menor parte da sociedade, "guardam" seus edifícios desocupados com o intuito de valorizar seu preço. Enriquecem com isso, enquanto empobrecem populações inteiras que vivem nesses bairros, geralmente já degradados pelo abandono do poder público, como é o caso do centro da cidade de São Paulo, local em que vários desses edifícios se transformam em campo de batalha, confrontando os que lutam pelo direito à moradia contra os que praticam a especulação imobiliária.

Alguns dos movimentos de luta mais conhecidos e atuantes na atualidade são, entre outros, o *Movimento dos trabalhadores sem teto* (MTST), o *Movimento dos sem teto do Centro* (MSTC), cujas ações consistem em ocupar esses edifícios abandonados, levando diversas famílias de trabalhadores em situação precária a viver neles. A luta pela moradia dá corpo a uma série de idas e vindas das ocupações, com pedidos de reintegração de posse atendidos pela justiça e que são levados a cabo com extrema violência pela polícia militar. As famílias, despejadas de sua moradia, ficam, mais uma vez, abandonadas pelo poder público. Mas o movimento continua, persiste na luta, e outros prédios, ou ainda os mesmos, são ocupados novamente.

O edifício do INSS, abandonado, teve sua primeira ocupação em 1997, passando por diversas reintegrações de posse até ser ocupado novamente em 2016 pelo MSTC. Resistindo há pelo menos cinco anos, o movimento se tornou um marco da cidade de São Paulo, atraindo a atenção da classe artística, de empresários progressistas e de diversas pessoas famosas. Atualmente abriga 124 famílias, totalizando cerca de 500 moradores. A *Ocupação 9 de julho*, como é conhecida, consegue envolver em sua luta as classes geralmente desinteressadas, pertencentes à elite da sociedade. A organização da ocupação possui um sentido comunitário como raras vezes podemos testemunhar. Com uma horta coletiva, cuidada e utilizada por todos os moradores, atendimento médico, brechó de roupas e uma brinquedoteca com diversas atividades para as crianças, a ocupação se distribui pelos 14 andares do edifício, trazendo vida ao que antes era um total vazio. Os moradores organizam, todos os meses, um almoço coletivo aberto ao público, para o qual são convidados chefes de cozinha dos mais renomados restaurantes, destinados à elite paulistana. Os chefes atuam voluntariamente na cozinha da Ocupação 9 de Julho e o valor arrecadado com os almoços pagos pelos visitantes é aplicado em obras de melhoria no prédio ocupado que vai, aos poucos, se transformando em lar mais digno e aconchegante para as mais de 100 famílias que ali vivem.

No subsolo do prédio, foi aberta a galeria de arte *Reocupa*, que já recebeu a visita de diversos artistas e curadores de renome do mundo das artes. Outras festas e eventos já foram realizados no edifício, sempre aberto à sociedade, em constante diálogo com os habitantes de seu entorno. Artistas e cantores como Criolo, Mariana Aydar, Ana Caña e Chico César, entre outros, já fizeram shows gratuitos no local. As decisões internas são tomadas em assembleia, com a participação de todos os moradores. E as portas estão sempre abertas para iniciativas de melhorias, de arte, de cultura, de educação e saúde, apresentadas por visitantes da Ocupação. Sem dúvida, a Ocupação não passa despercebida do poder público. Os líderes da Ocupação já foram acusados de diversos crimes inexistentes. Alguns já chegaram a ficar presos por meses. Isso demonstra a perseguição política contra o movimento, que incomoda tanto a oligarquia econômica quanto a política. Pedidos de reintegração de posse já foram realizados e aceitos, mas ainda não foram levados a cabo pela polícia militar. O que impede o despejo é a movimentação cultural em torno da ocupação, que acaba colocando em xeque o poder público. Alguns casos são emblemáticos e revelam a capacidade de uma comunidade, como a criada na Ocupação, em fazer com que o poder público reveja suas ações.

Um dos casos ocorreu com um pedido de reintegração de posse que devia culminar na ação policial para o despejo em poucos dias. Os moradores da ocupação logo colocaram sua máquina de apoiadores em ação e diversos representantes da classe artística de São Paulo resolveram criar uma exposição permanente na ocupação, montada às pressas. Artistas de renome, vários deles com suas obras pertencentes a coleções privadas de grandes especuladores imobiliários, cederam essas obras para a exposição. O evento criou um impasse para o poder público, que não executou a reintegração de posse, demonstrando o descaso pela vida das pessoas, ao decidir salvaguardar as obras de arte. Afinal, obras de arte são objetos de valor econômico e especulativo considerável, e foram elas que brecaram a tentativa de desabrigar as famílias de suas moradias, e não as próprias famílias em si. O movimento, com esse fato, conseguiu mostrar a hipocrisia do poder público em toda a sua amplitude.

Em outro momento, quando da prisão dos dois principais líderes do movimento, havia uma festa junina programada e que deveria ter lugar na Ocupação. Em vez de cancelar a festa, o movimento conseguiu o apoio da Secretaria de Cultura da Prefeitura para a realização do evento, que recebeu mais de 8 mil pessoas ao longo dos dois dias de duração. A grande movimentação em torno do evento provocou uma série de pressões que culminaria, algum tempo depois, com a soltura dos líderes.

A *Ocupação 9 de Julho* não é a única a movimentar a luta pelo direito à moradia em cidades como São Paulo e outras grandes cidades do Brasil, mas é, com certeza, um marco da aglutinação das classes da elite em torno do movimento. E, talvez, pensar a democracia seja justamente isso: conseguir pensar a organização política de nossa sociedade, não a partir de nossos interesses pessoais, mas a partir daqueles da maioria. E que essa maioria inclua cada classe de desfavorecidos da comunidade. Que a elite passe a participar ativamente da luta pela moradia popular é um gesto de um pensamento democrático. Um modo de pensamento democrático é aquele que, afinal, parte do pressuposto de que todos são iguais.

Parece, no entanto, que os autores mais contemporâneos, que discutem a democracia e a igualdade, fazem uma reinterpretação interessante desses termos. Já dissemos aqui como Rancière aponta a democracia como um modo de pensamento que ordena nossos modos de vida. Resta-nos, pois, perceber como o autor também reinterpreta o sentido da igualdade. Esta, não pode ser pensada como algo que já tivemos um dia e que foi perdido. Afinal, como vimos nos pensadores contratualistas, a igualdade do estado de natureza não existiu de fato, foi apenas uma hipótese de pensamento. Por outro lado, não podemos pensar a igualdade como um futuro ao qual chegaremos após um período de evolução e progresso de nossas sociedades. O mundo, afinal, sempre foi um lugar desigual, a pobreza e a miséria sempre existiram, bem como as guerras e a violência. Mas isso não significa desistir de lutar ou abdicar da igualdade. Ao contrário, Rancière aponta a necessidade de que a igualdade seja atual, de que a luta política aconteça hoje, aqui e agora. Isso significa não gastar energia com lamentações pelo passado perdido, tampouco com planos irrealizáveis para um futuro incerto. Nossa energia política deve se direcionar para o presente e só para o presente. É aqui e agora que a política acontece e toma forma. É aqui e agora que mudamos nossa forma de pensar e de perceber o mundo; e com isso influímos em nossos modos de vida.

É isso que acreditamos estar em jogo na *Ocupação 9 de Julho*, como em tantos outros pontos de resistência espalhados pelo Brasil e pelo mundo. Se temos algo a pensar sobre a democracia, definitivamente não é sobre um suposto estado de crise em que teria entrado. O pensamento democrático continua criando espaços e tempos incríveis de convivência; continua resistindo às intempéries do poder oligárquico do Estado e do capital. Se há uma crise, ela é uma crise de representatividade do Estado, uma crise do poder oligárquico que se tornou menos permeável à democracia e à soberania do povo. É contra ele, sempre, que devemos lutar e nunca, contra a democracia.

Sobre o autor

Nascida em São Paulo, Daniela Cunha Blanco tem 35 anos e é doutoranda em Filosofia pela Universidade de São Paulo (USP), onde também se formou Bacharel e Mestre na mesma área. Possui artigos publicados em revistas acadêmicas e sua pesquisa se dedica a pensar as relações entre arte e política, a partir da filosofia francesa contemporânea.

REFERÊNCIAS BIBLIOGRÁFICAS

ARISTÓTELES. *A política*. (Coleção fundamentos da filosofia). Tradução de Nestor Silveira Chaves. São Paulo: Ícone, 2007.

BOBBIO, Norberto; MATTEUCCI, Nicola; PASQUINO, Gianfranco. *Dicionário de política*. Tradução de Carmem C. Varriale. Brasília: Editora Universidade de Brasília, 1998.

CHAUI, Marilena. *Introdução à história da filosofia: dos pré-socráticos a Aristóteles*. Volume 1. 2° ed. São Paulo: Companhia das Letras, 2002.

CHAUI, Marilena. *Em defesa de educação pública, gratuita e democrática*. (Escritos de Marilena Chaui). Organização de Homero Santiago. Belo Horizonte: Autêntica Editora, 2018.

Declaração dos direitos do homem e do cidadão, 1789. Disponível em: http://www.direitoshumanos.usp.br/index.php/Documentos-anteriores-%C3%A0-cria%C3%A7%C3%A3o-da-Sociedade-das-Na%C3%A7%C3%B5es-at%C3%A9-1919/declaracao-de-direitos-do-homem-e-do-cidadao-1789.html.

FEDERICI, Silvia. *Calibã e a bruxa*. Tradução de Coletivo Sycorax. São Paulo: Editora Elefante, 2017.

GOUGES, Olympe de. "Declaração dos direitos da mulher e da cidadã". In: *Arqueofeminismo: mulheres filósofas e filósofos feministas*. Tradução de Andrea Maria Mello, Camila Lima Oliveira, Pedro Muniz, Viviana Ribeiro, Yasmin Haddad. São Paulo: n-1 edições, 2019.

HOBBES, Thomas. *Leviatã*. Tradução de João Paulo Monteiro e Maria Beatriz Nizza da Silva. São Paulo: Martins Fontes, 2003.

HOBSBAWM, Eric J. *A era das revoluções: Europa 1789-1848*. Trad, de Maria Tereza Lopes Teixeira e Marcos Penchel. 17° ed. Rio de Janeiro: Paz e Terra, 2003.

JAMES, Cyril Lionel Robert. *Os jacobinos negros: Toussaint L'Ouverture e a revolução de São Domingos*. Tradução de Afonso Teixeira Filho. 1ª ed. São Paulo: Boitempo: 2010.

LA BOÉTIE, Etienne. *Discurso da servidão voluntária*. São Paulo: Brasiliense, 1982.

LOCKE, John. *Dois Tratados Sobre o Governo*. Tradução de Julio Fischer. São Paulo: Martins Fontes, 1998.

MARÉS, Carlos Frederico. "Liberdade e outros direitos". In: NOVAES, Adauto. *O avesso da liberdade*. São Paulo: Companhia das Letras, 2002.

MOURA, Clóvis. *Os quilombos e a rebelião negra*. 5° ed. São Paulo: Editora Brasiliense, 1986.

PLATÃO. *A república*. Organização e tradução de J. Guinsburg. São Paulo: Perspectiva, 2010.

PLATÃO. *Apologia de Sócrates*. Tradução de Carlos Alberto Nunes. Organização de Benedito Nunes e Victor Sales Pinheiro. 3° ed. Belém: Editora UFPA, 2015.

RANCIÈRE, Jacques. *Nas margens do político*. Tradução de Vanessa Brito e João Pedro Cachopo. Lisboa: KKYM, 2014a.

RANCIÈRE, Jacques. *O ódio à democracia*. Tradução de Mariana Echalar. São Paulo: Boitempo, 2014b.

REIS, João José. *Rebelião escrava no Brasil: a história do levante dos malês*. São Paulo: Editora Brasiliense, 1986.

ROUANET, Sergio Paulo. "Democracia mundial". In: NOVAES, Adauto. *O avesso da liberdade*. São Paulo: Companhia das Letras, 2002.

ROUSSEAU, Jean-Jacques. "Discurso sobre a origem e os fundamentos da desigualdade entre os homens". In: *Os pensadores*. Tradução de Lourdes Santos Machado. São Paulo: Abril Cultural, 1973.

ROUSSEAU, Jean-Jacques. "O contrato social". In: *Os pensadores*. Tradução de Lourdes Santos Machado. São Paulo: Abril Cultural, 1973.

ROVERE, Maxime. *Arqueofeminismo: mulheres filósofas e filósofos feministas*. Tradução de Andrea Maria Mello, Camila Lima Oliveira, Pedro Muniz, Viviana Ribeiro, Yasmin Haddad. São Paulo: n-1 edições, 2019.

TOCQUEVILLE, Alexis de. *O antigo regime e a revolução*. Tradução de Yvonne Jean. 4° ed. Brasília: Editora Universidade de Brasília, 1997.